あなたのワタシはウソである

大野龍一

ナチュラルスピリット

著者と息子

1997年11月

横浜にて

あなたのワタシはウソである

●

目次

まえがき

この本は情報伝達を目的としたものではなく、僕が何より重要だと思っている一つのこと――それはタイトルにいくらか挑戦的なスタイルで表現されていますが――を、いろいろな角度から論じようとしたものです。そのため記述の重複は避けられませんでしたが、様々な問題の根っこに同一の問題が隠されていることはこれで示し得たかなと思うので、そのように解釈して重複は大目に見ていただければ幸いです（章はそれぞれ独立しているので、どこからお読みになってもかまいません。当初は第一部だけの構成にするつもりでしたが、ブログにも同じテーマで書いているものがいくつもあったので、そこから数本えらび出し、改めて全体に手を加え直した上で、それも含めることにしました）。

ここに書かれていることは社会的な一般通念には反するものが多いので、努めてわかりやすく明確な記述を心がけたつもりですが、容易には理解されないだろうと覚悟しています。けれども、「日の下に新しきものなし」で、何ら新奇な主張というわけではありません。若い頃から僕は勝手に考えるのが好きで、自分がした経験を元に考えをずっと進めていったら、実は同じことを言っている自分よりはるかにすぐれた先達が過去にたくさんいたということがわかって、「何だ……」とその都度拍子抜けすることもあったのですが、現代社会を背景として考えても古くからあるそうした思想には重要な意味がある――大袈裟に言わせてもらえば、それによって「知のパラダイムシフト」を起こさないと現代文明が直面している難局は乗り切れない――と感じられるので、それを皆さんにもご一緒に再考していただきたいと思ってこれを書いたのです。

異論、批判、賛同、いろいろあるだろうと思いますが、これがものを考える人たちの目に留まって、活発な議論のきっかけになってくれれば、僕にとってそれは何より嬉しいことなので、そうなってくれないかなと、ひそかに期待しています。これの初稿を書き上げてしばらく後、身体的不調に悩まされ、自分が思いがけず重病にかかっていることが判明したので、僕自身がそれらに触発されてもっと議論を精密化したり、不足を補って考えを先に進めたりできるようになるだろうという願いは、残念ながら望み薄になってしまいましたが。

若い頃愛読したポール・ヴァレリーの言葉にこういうのがありました。

われわれは他人の頭でものを考えることがあまりに多すぎる。

既成の価値観やものの見方に囚われず、自分の感性と理性を信頼し、柔軟な姿勢をもって自分の頭で自由にものを考えようとする人たちにとくに読んでいただければ、僕の喜び、これにすぐるものはありません。

（二〇二一年九月二六日）

＊本文内の引用および参考文献については、各初出に番号を付け、末尾の参考文献一覧にまとめた。

＊引用部分のポイントを小さくした［　］は、著者による補いである。

＊本書内での形式の統一を優先して、引用部分では記号の表記を一部改めた。

＊本書に掲載のウェブサイトアドレス等の各種データは、著者執筆時のものである。

《第一部》

第一章　脳が意識を生み出すのではなく、
意識が脳をつくり、使っている

解離性同一性障害の研究から判明した事実

かつては多重人格と呼ばれ、今は解離性同一性障害（ＤＩＤ）と呼ばれている病気がありま す。次の *Scientific American* 電子版の記事（2018/6/18）は、二〇一五年にドイツの医学者たちが、多数の解離人格をもっている一女性の脳をＥＥＧ（脳波計）を使って観察していたところ、驚くべき事実を発見したという話を紹介しています。

・*Could Multiple Personality Disorder Explain Life, the Universe and Everything?*

(By Bernardo Kastrup, Adam Crabtree, Edward F. Kelly)
https://blogs.scientificamerican.com/observations/could-multiple-personality-disorder-explain-life-the-universe-and-everything/

この論文によれば、その解離人格（dissociated personalities）の一つは自分は盲目だと主張していたが、その人格が女性の肉体を支配している間は、脳の視覚に関連する部位が活動していなかった。だから、目は開けていても、実際彼女には何も見えていない。しかし、盲目ではない別の人格に交代したときは、脳のその部分の活動は正常に戻って、視覚も回復していた。そういう不思議なことが実際に起きていることが確認されたというのです。

これが何を意味するか、ここは記事の全体を紹介するのが目的ではないので、本文を離れて勝手に考えさせてもらうと、多重人格の場合、その複数の人格（解離人格）は、自分のキャラクター、属性に応じて脳を使っているのではないかということです。だから盲目だと主張する人格が現れたときは、視覚を司る脳の機能が停止する。そういうふうに個々の人格がそれぞれに応じた脳の使い分けをしているのだとすれば、こういう研究を進めれば、おそらく脳の反応を見ているだけで、今はどの人格がその患者をコントロールしているかがわかるようになるでしょう。この場合、唯物論的科学が想定するように脳が心や意識の働きを生み出し、それを規定しているのではなくて、逆に意識や人格の方が脳の働きを規制しているわけです。

人格が脳の働きを規制する

そうすると、多重人格でない、僕ら通常人の場合も、そういうことはふつう自覚されないだけで、自分の人格が脳の働きを規制しているということになるのではないか？　そういう疑問が浮かんでくるのです。人間の脳の大部分は使われていない（使用率一〇％説まである）というのは明らかに誇張だとしても、人間の意識が脳の働きに限定を加えて、自らその能力の発揮を妨げているというのはかなりありそうな話です。

上の、盲目だと主張する多重人格者中の一人格が、自分は盲目だと信じるがゆえに脳の視覚機能をストップさせてしまうのと同じで、僕らの人格もその意識のありよう、自己規定によって脳の働きを限定的なものにしてしまっている可能性があるということです。たとえば、世間でもこういう話はたまにありますが、自信なさげで、大してお勉強もできなかった子供に数年後十年後に会うと、それがたいへんな秀才、あるいは高い能力の持主になっており、見た感じもしっかりしていて、以前とは別人のような印象を与えるといった例がある。どういうわけでそういうことになったのか？　一つの説明は、かつてその子は心に何か大きな屈託や不安を抱えていて、それが妨げになって学業成績も見た目もパッとしなかったのだが、それが解消されることによって変化が起き、それに伴って自己肯定感も増したから、それが脳の働きに大きな影響を及ぼし、そうした劇的な変化を生み出したというものです。つまり、脳を使っている人格の方が変化したから、使いこなせる脳の領域も増え、パフォーマンスも上がって、それが彼を非凡な人間に変えたのです。

これは宗教家などの悟る以前と以後の違いに見ることもできる。たとえば、禅の語録に『臨済録』[1]というのがあります。これは唐の時代、中国の有名な禅匠・臨済の言行録のようなものですが、そこに記されていることからすると、悟る以前と以後とでは、そのキャラクターに劇的な変化が見られるのです。いわゆる「キャラ変」の甚《はなは》だしいものがそこには見出されるので、生真面目で一途な苦悩する青年僧から、べらんめえ調の自信に満ちた天衣無縫《てんいむほう》とも言える自由闊達な禅匠へと一変している。イスラム教の創始者マホメット（ムハンマド）の場合なども、逡巡しがちな気の弱い砂漠の商人から、啓示後には自信に満ちた宗教指導者へとかなり極端な変貌を遂げている。いずれもその自在な応接で知られますが、人格の変貌が脳の使い方を全く変えてしまったという感じです。こういうのは無理してそれを演じているという感じではないので、洞察それ自体が意識の自然な拡大と人格的変容を生み出したのです。

意識と人格の関係

さて、僕はここまで「意識」という言葉と「人格」という言葉をごちゃまぜに使ってきましたが、これは人格のありようによってその人の意識の使い方も決まってしまうからです。言い換えれば、人格によってその人の意識も変わる。あるいは、意識のありようが変化することによって人格も変わるのです。

意識というものはある意味で最も厄介なもので、僕らが通常知っているものは自意識との関連で捉えられた意識です。意識そのものは見ることができない。意識はその働きによって間接的に知られるもので、その人の意識の働き方の中に浮かび上がってくるのが人格です。つまり、人格とはその人の意識の働き方だと言ってもよい。人格はしばしば実体視されますが、より正確にはそれは、実体というより、意識の使われ方、規制、限界の中に浮かび上がってくる現象的な存在なのです。

意識本来の姿

しかし、広義の意識はそれにとどまるものではないので、この宇宙全体が一つの意識をもっている、あるいは、一つの意識の中にこの宇宙がある、と考えることもできる。この記事の著者たちもそのように考えているらしいのは興味深いことですが、この解釈によれば、意識は普遍的なもので、あなたの意識とか、僕の意識などというものは本来はないということになるのです。意識は一つの意識であって、僕らの通常の意識はそこから派生したものにすぎない。僕らの限定された人格（後の章で詳しく触れますが、通常それは後天的な条件づけによって形成された自己観念から生まれる）が脳を使って、あるいはそれを媒介にして、自分の意識をもつのです。そしてそれが意識本来の働きと脳の使い方の両方を限定的なものにしている――そう考えることができるわけです。

上に見た臨済の開悟体験や、マホメットの啓示体験などは、どのようにしてか、この意識の限定が外れたところで生じた。そして今度はそのことが彼らの人格に劇的な変化を及ぼした。それによって脳もそれ以前は機能していなかった部分が機能するようになり、人格それ自体がもつ意識も大きく拡大したのです。

人格が分裂する理由

解離性同一性障害の場合、一般に生育過程でのショッキングな出来事やトラウマ体験がその遠因になっていると考えられていて、たとえば愛する親からひどい虐待を受けているなどの場合、それは親への愛着と深刻に対立するものなので、別の人格をつくって、その破壊的でネガティブな記憶はそちらが所持するようにしてしまう。統合するのは無理なので、心の防衛機制が働いて、人格を分裂させるのです。いったんそういうことになると、心の不安定さは増すばかりなので、通常の人の場合、自分の中に多種多様な、ときに矛盾する感情を抱えながらも、人格的な統一性はなおも保たれているわけですが、解離性同一性障害の人の場合、多くの感情要素がそのまま別々の人格のかたちをとって、それぞれがそれにフィットする感情や記憶をもつ、というふうになってしまうのでしょう。だからその人格もどんどん増えていく(それがたんなる演技と違うのは先に見た脳の反応からもわかるので、冒頭の英文記事では、多重人格者を演じる俳優の脳の働きと本物の解離性人格者のそれが明瞭に区別できるという実験結果も紹介されている)。

ふつうの人の場合でも、感情や思考面でのタブーが少ない、多面的・個性的な側面がかなり自由に表出される、いわゆる「統合度の高い」人というのは少なく、多くの人はかなり多くの見えない抑圧を抱えています。それが時々不意に顔を出して、それはしばしば狙ったように最悪のタイミングで出てきたりするので、おかげで人間関係がぶちこわしになってしまったりするのです。だから、型にはまりすぎた人ほどその種の大きな不安を抱えていると言えるので、そういう人は一種の潜在的多重人格みたいなものです。無意識の中に意識人格を脅かす別の人格が隠れているようなものなのですから。

人格の虚構性

こういうことから、逆に人格そのものが甚だ頼りないものであるということもわかるので、先ほどそれは「実体的なものではない」と言いましたが、通常の人格そのものが、その人個人がもつ記憶や感情、思考の集合体のようなものにすぎず、人間特有の観念形成作用によってつくられた虚構にすぎないと言えるのです。上の記事の著者たちはこのことを、「人間の心［パーソナリティを指すのではない］は人生上の課題に対処するのに必要な知覚・認識と行動のパーソナルなユニットをたえずつくり続けている」という言い方で表現しています。その「パーソナルなユニット」が統合不能になったとき、それぞれのユニットが互いに分離・独立した人格としてふるまうようになり、病的な多重人格者が誕生するのです。

こういう話は人を不安に陥れるものかもしれません。脳が心や人格をつくるのではなく、逆に後者が前者を使っているのだと言いながら、その人格も一種の虚構にすぎないということになれば、たしかなものはどこにあるのだ、ということになるからです（尚、認知症など、脳の病変に由来する病気では、脳のコンディションが直接心や人格の表出に影響を及ぼしますが、ここではその種の議論には触れません。そちらについては第二部「四、意識と輪廻」をご参照ください）。

しかし、たしかなものはあるので、それは先ほど述べた普遍的な一つの意識、この記事の著者たちの言う one universal consciousness（一つの宇宙的な意識）です。「それは物質のように断片化してはいない（it isn't fragmented like matter）」。それは全体的なもので、人間的な知性の合理化の手には負えないもので、一面からすると矛盾したようにも見えますが、根底的には深い秩序を蔵するものです。それは絶対的に信頼できる。これは通常の論証などにはなじまない（それは神の存在が論証できないのと同じです）ものなので、先には一つの仮説として提示しましたが、少なくとも僕自身はそう思っています。

意識はなぜ断片化するのか

さて、しかし、どうしてその本来一つのものである意識が、僕らが経験しているような無数の個別意識に分裂したのか？「それを理解するには別に哲学者である必要はない」として、この記事はこう述べています。

　人々はプライベートな、それぞれ別の経験の領域をもっている。私たちは通常、あなた方の考えは読めないし、あなた方も私たちの考えは読めない。さらに、私たちは宇宙で今起きていることには気づいていないし、あなた方も同様だろう。だから、このような考え方が支持しうるものとなるためには、どのようにして一つの宇宙的な意識が、区別された人格とアイデンティティ感覚をもつ、あなたや私のそれのような多数のプライベートな、それでいて共時的に［事物・状況を］意識している認識中枢を生み出すのか、少なくとも原理的に説明できなければならない。

そう言って彼らは、先に見た解離性同一性障害の研究から判明したことにアナロジーを求める。つまり、僕ら人間の個別意識は、宇宙レベルでの意識の解離現象のようなもので、僕らの通常の意識そのものが解離人格がもつ意識みたいなものではないかというのです（だから互いにバラバラでありながら、そこには根が共通であることを示すように、共通の認識基盤のようなものが備わっている）。

だからこの世界、社会は、それを全体として見るなら、ＤＩＤ患者の心のありようを極大化したようなもので、無数の解離人格が徘徊する世界なのです。しかし、大方の人はそのことを自覚せず、解離した意識を独立して存在するもののように思ってしまう。そして無意識に自我意識（ego-consciousness）を絶対視してしまうのです。

輪廻する魂との関係

僕はいわゆる輪廻転生説の支持者でもあるので、それとの関連についても少し書かせていただきましょう。行動主義（behaviorism）全盛の頃、西洋の心理学界では人間の心はタブラ・ラサ、何も書かれていない白板のようなもので、教育と環境次第でどうにでもなるものだという考えが流行しました（一番有名な論者はワトソン）。今はその支持者はほとんどいませんが、一つには、赤ん坊を見るとそれぞれが明確な個性をもっていることがわかるので、この説はその観察的事実にも明らかに反しているからです。

　この生まれつきの個性はどこからやってくるのか？　生まれ変わり記憶をもつ子供たちの場合、彼らが主張する前世人格とそれは何らかの関係があるように見えます。ときには肉体にもその刻印らしきものが発見されることがある。体の部位の特定の欠損や不可解なアザが、前世人格の病気や障碍の反映として現れる場合があるのです（イアン・スティーヴンソンの一連の著作や、拙訳のジム・B・タッカー『リターン・トゥ・ライフ』[2]などを参照）。これは人間の心（意識）というものがいかに強い物質的形成力をもっているかを示しています。転生した魂が、その記憶に基づいて胎児期の肉体に働きかけた結果、そのような異変が生じたと解しても無理はないからです。

　ちょうどタッカーの本を訳していた頃、僕は塾の生徒から興味深い話を聞きました。彼は子供の頃同じ夢を繰り返し見ていて、それは川辺にいたときワニに襲われる夢だというので、当時彼はどこかの辺鄙《へんぴ》な地に住む先住民の子供（黒人だったのではないかという）だったようですが、たぶんそれで死んだのです。だから水がこわくて、彼はスポーツ万能の体格のいい少年だったにもかかわらず、小さい頃、水泳に強い抵抗を示したらしく、親も無理強いはしなかったのでカナヅチなのです。勉強も大変よくできる生徒でしたが、そうした片鱗としてしか残っていない前世記憶も何かしら関係したのか、大学では文化人類学を専攻したいということで、実際にその方面に進んでいます（余談ながら、この話をしたとき、彼は面白いことを言いました。その少年はたしかに自分だと思えたが、その夢では空中に視点があって、そこから眺めている感じなので、実際の記憶ならそうはならないのではないかと。しかし、これもこの種の記憶にはふつうにあることなのです)。

かなり明確な前世記憶をもつ人は僕の知り合いにもいますが、そうした記憶をもつ人は前世でトラウマ的な出来事に遭遇したり、突然死などを経験した人に多いというのが僕の印象です。時をまたぐということは大変なことなので、ふつうは忘れてしまうが、インパクトが強烈だとそれがこだまのような反響を見せて、記憶に蘇りやすいのでしょう。だからその種の記憶がない人にも前世はあったので、それがその人の個性の鋳型になっている可能性はかなり高いと僕は思っています。むろん、その前世も多数あるはずなので、それが混じり合ったり、あるいは特定の前世人格の特性が強く出たりするのです。

魂も不変の実体ではない

前にチベット仏教の本を読んでいたとき、チベット仏教は輪廻転生をその重要な柱の一つにしていますが、仏教は無我説なので、それと折り合いをつけるのに「心の連続体」という観念を設けているらしいと知りました。それは僕らの自我人格よりは永続的で、肉体の死後も、それとは独立したものとして存続し、ピュタゴラス以来の西洋的伝統では、それは魂とかプシュケとか呼ばれますが、それが感情や思考も含めた一種の記憶の集合体の担い手として機能するのです。

英国の精神科医、アーサー・ガーダムの理解もこれと似通っていて、魂やプシュケというものは実体的なものではなく、「われわれの究極的な不滅のスピリットではない」が、時空を超越した性質をもち、僕らが知るこの地上の自我人格を「不可分の意識（先の one universal consciousness が指しているものと同じ）または究極的な存在の源泉へとつなぐ」媒体または回路のような働きをしていて、その時空超越的な性質ゆえに、前世記憶の担い手ともなれるのだと考えていました。

要するに、僕らのこの自我人格が一種の解離人格だとすれば、プシュケまたは魂も、それよりはずっと耐久性はあるが、より深い次元にあるもう一つの解離人格のようなものかもしれないということです。そしてそれが各人の個性、人格の土台のようなものとして生まれたときにあり、そこから後天的に自我人格が育って、それはその時代、社会の強い条件づけを受けたものなので、ときに前者を強く抑圧、否定するようになる。しかし、それは自我人格のように閉ざされていなくて、自然な状態では普遍的な意識の方へとつねに開かれているので、僕らはその回路を通じてその根源的意識にアクセスし、その結果得られた洞察・認識から、自我人格の方を変容させることが可能になるのです。

意識の促進的・保護的作用

自然界には様々な生物がいて、鳥の世界などはとくに色彩まで鮮やかですが、進化のプロセスにはその生物の願望のようなものが強く作用しているように思われます。ダーウィン的なたんなる適者生存のメカニックな法則だけでなく、それを超えるものが働いていて、空を飛ぶ生物が出現したことなどにも、生物の側の飛翔への憧れのようなものが作用して、肉体をそれが可能なものに変化させたと考えることができます。長い時間がかかっているから、それが見えにくいだけ。とすれば、ここにも物質を変化させる心（それは植物にもある）の力と、個々の生物の側の願望に応えてそれを助ける見えざる慈愛の力の作用があって、それぞれの生物、その個体に宿る意識を通じて、根源的な意識が働きかけていると見ることができるでしょう。この世界はその根源的な意識、心の自己展開の産物であるという思想は昔からありますが、自然界の色・フォルム共に鮮やかな多様性の中にも、その表現の豊かさのようなものが感じられるのです。

むろん、こういう話はゴリゴリの唯物論的科学からは「エビデンスが不明確な空想」としか見なされないでしょう。しかし、心や意識が脳の産物であるという仮説にも、明確な証拠はなく、それは物質主義的な臆断によって導き出されたものでしかないのです。もしもそれが事実なら、肉体の死後も（先に見たようにその呼称は様々だとして）何らかの心的構造物が存続することを示す、生まれ変わり記憶などは説明不能になるでしょう。説明できないからそれは否定して存在しないことにしてしまうというのでは、科学的でも合理的でもない。

意識の遍在性

そもそもの話、脳があるから考えたり、意識したりすることが可能になるというのはたんなる迷信にすぎないとも言えるでしょう。複雑な生物の場合、機能分化が進んで各種の高度な〝専門〟器官が形成されたにすぎないので、そうした分化があまり進んでいない（当然、脳と呼べるほどの器官はもたない）生物の場合でも危険を察知して行動を変えるなどの能力はあるのです。僕はそうした危険察知や選択の能力を、根源的な意識の働きをその生物が感知できるからだと考えているので、彼らには人間のような自意識はむろんないでしょうが、意識の働きそのものはある（かなり高度な知力さえあることが最近の各種研究で判明しつつある）のです。移動する能力をもたない植物にも愛情や敵意に反応する能力は明確にあるとされていますが、それも全体意識の保護的作用が働くためと考えてよいでしょう。意識が遍在的なものとして存在するのでなければ、どうしてそのようなことが可能になるでしょう。むしろ、意識、心の中に森羅万象はあるのです。脳が意識や心的作用を生み出すというのは、旧来の物質科学の近視眼的な見方にすぎません。

「観の目」とは何か

宮本武蔵の『五輪書』[3]に、「観の目強く、見の目弱く」という剣の極意についての有名な言葉がありますが、この「見の目」というのは自我中心的な意識で、「観の目」とはそれを離れたところに現れる全体的な意識、固定された中心をもたないいわば無意識（この言葉は井筒俊彦氏のもの）です。後者が本来的な意識で、前者の防衛心理や不安に縛られた自我中心的な意識はその自在な働きを台無しにするものとして語られているわけです。こうした違いは、僕も十代半ばに思わぬ場面で経験したことがあるのですが、経験的事実として昔から知られていたものです。それは意図してできるものではありませんが、この「観の目」状態になっているときは、相手の動きがスローモーションで見えるというようなことが実際に起きるので、急な襲撃でも体をわずかに動かすだけでかわすことができる。相手が勢い余って派手に転倒するのを見て、自分でも驚くのです。

意識のシフトが人格変化をもたらす

ここは議論のとっかかりにしたいだけだったので、人がどうして人格を実体視してしまうのかといった重要な問題に関してはのちの章でも折に触れ説明することになると思うので、詳細はそちらに譲りたいと思います。いずれにせよ、本来僕らの意識はそれをはるかに超えるもので、人格や自我と呼ばれるものに所属するものではない。むしろ意識の特殊なかたち、根底的な意識からすれば、解離人格のようなものとしてそれは出現するので、意識がそこから離脱したとき、換言すれば、意識が自我人格の専制から自由になったとき、そのことへの洞察が生じて、その結果として人格変化（ときに劇的な）がもたらされ、それによって脳の使い方も変わるから、そのような人たちはすぐれた能力も発揮できるようになるのではないか——それがここで言いたかったことです。

第二章　臨死体験時の幻像と現実世界

臨死体験で見るヴィジョン

臨死体験というのは心肺停止などの、通常は臨終と解される状態となった人たちが蘇生した際に語る不思議な体験ですが、それにはいろいろなヴァリエーションがあって、暗いトンネルを抜けて光あふれる美しい世界に出て、そこで亡くなった人たちや神的、天使的存在に出会うとか、日本式のそれでは三途の川を渡って、お花畑のようなところに出て、やはりそこで亡くなった知り合いに会ったとか、様々に語られます。その結果、あの世の存在を確信して、心穏やかになり、その後の生き方が変わったという人も多いとされる。

これについては科学の側からの反論があって、そういう話は人によっても文化によってもしばしば大きな違いがあるところから、客観的な実在とは考えられず、睡眠時の夢のようなもので、脳が紡ぎ出す幻像の一種ではないかという。げんにそれは幻覚誘発剤のようなものを使ったときにも生じるので、両者には多くの類似点がある、云々。

正確な事実認識の謎

それよりも僕が面白いと思うのは、意識不明の状態で横たわっていたにもかかわらず、そのとき病室やその周辺でどんなことが起きていたか、意識を回復してからつぶさに説明する人がいて、その描写の正確さが医師や看護師、家族などを驚かせることがあるという話です。そうした現象が、ウィキペディアの「臨死体験」の項では次のようにまとめられています。

臨死体験中には体外離脱現象が起こることが知られている。全身麻酔や心拍停止で意識不明となった時に、体験者は気が付くと天井に浮かび上がっており、ベッドに横たわっている身体を見下ろしたり、ドクターの側《そば》で手術中の様子を客観的に眺めている自分に気付く。そうした体験は現実世界以上の強烈なリアリティーが伴うため、幻想ではないと語る者も多い。こうした体外離脱中には幻覚的な体験が起こることもあるが、現実世界で起きた出来事を体験者が後に正確に描写できる事例も珍しくない。

マイケル・セイボムの研究では、臨死体験者たちが体外離脱中に観察した治療室の蘇生場面を描写した結果、専門医のカルテの記述と一致し、研究者のセイボム自身を驚かせている。彼が調査したある臨死体験者は、治療者が行った施術の詳細や、メーター計器の針の数値、道具の色や形、物理的視野に入らなかった物品までもを描写できている。その描写は臨死体験者ごとに個別的で、専門医であるセイボムから見ても間違いの殆ど無いものであった。

キンバリー・クラークによる研究にも同様の例がある。心臓麻痺により病院の二階に運ばれたマリアは、体外離脱を起こし病院から抜け出した後、病院の三階の窓の外にあるテニスシューズを確認し、意識回復後に医師に報告した。医師が確認をしに三階に上がったところ、マリアの描写はシューズの色や形・細かな状態にいたるまで正確であることが判明した。この「マリアとテニスシューズの例」は有名な体験例となった（後に立花隆が、テニスシューズはマリアのいる病室などからは全く見えなかったことを確認している）。

体外離脱中には「天的な世界に入った」後に「何らかの境界線を感じ引き返した」とする証言も多い。また、知覚や感覚の拡大が起こる事も多く「一度に周りの風景を三六〇度見ることが出来た」「生前に手足を切断された者が体験中は四肢を取り戻していた」といった報告をする者もいる。

こうした体外離脱と解される現象それ自体、前章で述べたように意識が脳から独立した存在であることを示唆していますが、こちらの場合は、現実に起きたことと一致しているという裏付けがあることから、たんなる「幻像」や「幻視」として説明し去ることはできないわけです。

「客観的実在」とは何か

むろん、だからといってその人が見た「あの世」の光景もひとしく客観的な実在だと主張することはできないでしょう。そちらに関しては今のところ検証のすべがないからです。しかし、そもそもこの「客観的実在」というのは何なのでしょう?

僕自身は臨死体験はしていませんが、次のような奇妙な夢を見て、「この世界も実は一個の夢のようなものなのではないか?」と思ったことがあります。

もう四半世紀も前の話ですが、冬のある日、コタツに足を突っ込んだまま寝てしまったことがあります。しばらくして目を覚ますと、同じ体勢でいたのですが、どうもおかしいなと思うところがあった。部屋は同じに見えたが、カーテンの色や模様が異なっているのです。寝たままの姿勢でふと横を向くと、そこに目覚まし時計がある。四角い形で、蓋の一面に中の時計がくっついていて、開けてそれを立てることができるようになっている、そうすると横から見ると三角形になる、昔よくあったあの時計です。学生時代、たしかに僕はそれを所持していました。しかし、それは壊れてとうの昔に捨ててしまっていて、今の部屋にあるはずがない。何だかこれはおかしい、これは夢なのだと気づいたので、何か文字の書いてある紙片も散らばっていたので、それも手に取って見てみました。文字はたいそう美しくエレガントであるものの、読んでみると内容は支離滅裂です。僕はそのとき、カーテンといいその紙片の文字といい、人間の無意識というのは美的センスは十分で洗練されているが、知的な合理性とは無縁、またはそういうことに無頓着なのかもしれないと考えました。

夢の中でこれは夢だと気づき、そう考えたので、これはいわゆる明晰夢の一つだということになりますが、次に僕はこれが夢であることを証明してやろうと思いました。夢なのだから、そう見えても実体はないはずだから、その時計を握ってみれば、それはぐにゃりと潰れるか消えるかしてしまうだろう。そんなふうに思って、意志力をふりしぼり、その時計に手を伸ばし、思いきり握ってみたのです。すると、驚いたことに輪郭どおりの硬質の感覚が手のひらにはっきりあった。僕は強いショックを受けて、そのまま意識を失いました。そしてしばらくたって目覚めると、今度はカーテンも元に戻っていて、今度はほんとに目が覚めたのがわかったのですが、手のひらにあの感触ははっきり残っていました。むろん、その時計はすでにそこにはなく、周囲に似たかたちのものもない。

飛び抜けて嬉しいことがあったときなど、よく「自分の頬をつねる」と言います。つねって痛みがあれば、それは夢ではなく現実だという証明になると思ってそうするわけですが、僕は夢が夢であることを証明しようと同じ伝で時計をつかんだら、物理的に明確な感触があって逆に驚いてしまったのです。どうもそういうことでは「客観的実在」の証拠にはならないらしい。

現実というものの理解

そもそもの話、客観的実在なるものがあるかどうかが疑わしいので、僕らのこの世界というのは五感を通じて伝えられた神経信号が脳によって処理された結果、それとして感知されるものです。歯医者さんに行って虫歯を抜いてもらったことがある人は、麻酔がまだ効いているのを忘れて、帰りに缶ジュースなど買って、飲もうとしてこぼしてしまった経験があるでしょう。顎の神経がマヒしているから勝手が全然違ったのです。

また、量子物理学の知見によれば、少なくともミクロの領域では主観と客観は明確に区別できない。観察者と観察されるものは未分離で、観察が観察されるものに影響を及ぼしたり、現象が現象として確定するのは観察という意識による行為があってのことだなどと言われる（詳しくはその方面の本をお読みください）。僕らは自分の存在とは無関係に、自分の意識や心から は独立したものとしてこの周辺世界が存在すると思い、げんに朝起きたときは、寝る前と同じ世界が周囲にあるのだから、それは間違いないと思うのですが、この世界全体が集合的な夢の産物ではないと、どうして言えるのでしょう？

夢の話をもう一つさせてもらうと、夢ではしばしば予測不能のストーリーが展開されます。僕はしばらく前、夢の中である人物が言うことを聞いて驚き、憤慨したのですが、それは僕には決して考えつくこともできないような話で、僕の夢は僕の無意識の産物であるはずですが、少なくともユングの言う個人的無意識の領域からはそんなものは出てくるはずがないと思えるようなものでした。それはこの現実世界で起こること以上に、僕には意外なことで、一体あれはどこから出てきたのだろうと、目覚めてしばらく考え込んでしまったほどです。それは現実のこの世界で遭遇する見知らぬ人間の言うことと同じくらい、またはそれ以上に不可解で、「他者的」なものに思えたのです。その夢の世界そのものが僕の心からは独立したもので、そこに自分がたまたまいたという感じしかしなかった。つまり、この世界と同じかそれ以上に、それは「外在的」なものと感じられたのです。

現実も夢の一つ

夢と現実との一番大きな違いは、明晰夢の場合には「これは夢だ」という意識が働いているとはいえ、意識の明確さという点で全然違うことです。明晰夢の場合、一定程度のコントロールが夢にも及ぶことが知られていますが、この現実世界ではそのコントロールはもっと大きい。「この世はままならない」と言われるくらいで、それも高が知れているものだとはいえ、自由意志を人はもっていると考えられ、また感じられているのです。

そして夢よりずっと、この現実世界は安定している。物質世界にはいまだ発見されていないものも含めて各種の科学的法則があり、それに従って生成していると考えられているのです。それは僕らの意識には明確に外在的なものと感じられる。だからそれは夢や幻覚などとは全く違う「客観的」な世界だとみなされるのです。

しかし、前の章で僕らの通常の意識は解離性同一性障害の多数の人格がそれぞれ固有の意識や記憶、感情をもっているのと同じで、一つの宇宙的意識からすれば無数の解離人格がもつ限定された意識のかけらのようなものにすぎないのではないかという考えがあることを紹介しましたが、この世界、宇宙全体がその根源的な一つの意識が紡ぎ出す巨大な夢に他ならないのではないかという見方も成立しうるのです。

それは解離した僕らの意識からすれば、外在的で、先の僕の夢体験のように、自分の意識や内面とは関わりのない自立した存在であるように思える。しかし、意識の座が自分の側からその宇宙意識の側にシフトすれば、様相はガラリと変わる。そのときこの世界はヒンズー教に言うリーラ、神の遊戯のようなものとして捉えられるかもしれません。この宇宙全体が「ブラフマンの夢」なのです【註：ジム・B・タッカーは拙訳『リターン・トゥ・ライフ』で、量子物理学を援用しつつ、前世記憶や臨死体験の真実性について、たんなる擬似科学ではない、説得力の高い議論を展開しているので、興味のある方は是非ご覧ください。特に第八章「脳を超える心」】。

臨死体験者のヴィジョンの再解釈

今の理論物理学には多元宇宙論というものがあって、それは僕の手に負えるようなものではありませんが、無数の宇宙が同時存在して、それは微妙に次元が異なるとか、またはそれぞれが気泡のようなもので隔てられていて、互いの存在を知らない可能性があるなどというのは面白い考えです。宇宙意識、ブラフマンの夢にも多様なヴァリエーションがあるということになり、それは僕らが夜見る夢が多種多様なのと似ています。

臨死体験者が見る「あの世」の光景も、これと似た理由で多種多様なのかもしれない。それはその人の個人的な無意識と集合的無意識、さらには人間的なそれよりさらに根源的な意識が重なり合うところから紡ぎ出された「もう一つの現実」なのかもしれないのです。臨死体験者にはそれはこの現実世界と同じほどリアルに感じられる。それはこの世界が「客観的現実」だと考える人からすれば幻覚にすぎないと思えたとしても、実は「客観的現実」なるものは存在せず、この世界それ自体が宇宙的意識が紡ぎ出す一つの夢に他ならないとすれば、これと較べてそちらはリアリティの度合いが低いとは言えなくなるのです。

意識と現実の関係

こういう見方が受け入れ難いのは、僕らの中の実体思考というものが非常に根強いものだからです。この世界は、周囲の事物や人は、明らかに僕らの意識とは独立して存在しているように見える。前に失くしたと思ったものが部屋のどこかから出てきて大喜びしたなどという経験は誰にでもあるでしょう。そのとき自分がそこにしまい忘れていたことを初めて思い出すので、それはあれからずっとそこに「客観的に」存在していたに違いないのです。僕らの意識にその存在が依存しているわけではない。これは自明に思われます。

それは、しかし、あくまでも僕らの表層意識にとっては、です。無意識にはその記憶は保持されていて、それはそこになければならないものとされているから、そこを見たときそれは再発見されなければならないのです。でなければ意識の秩序は崩壊する。同様にこの宇宙の森羅万象は、僕らの意識、理解からすればその大部分が未知のものですが、それもまた僕らの限定された、先の言葉で言えば「解離人格的意識」からすればそうだというだけで、根源的な意識からすればそうではない（その根源的意識が神だとすればそれは全知です）。仮に意識がａ、ｂ、ｃ、ｄ……というふうに層になって展開されているのだとすれば、ｄのレベルの意識にはｃの意識の層にあるものは未知であり、cの意識にはbの層にあるものは未知なのです。しかし、それぞれの層にあるものはいわば「そうでなければならない」ものとして意識に保持されているのであり、それは静的、固定的なものではないとしても、必然的なものとして下位意識に〝発見〟、受容されるのです。その場合、dレベルの意識にはcの意識の層にあるものが「客観的実在」に、cの意識にはbの層にあるものが「客観的実在」のように見える。そしてaに辿り着いたときに初めて、それらが自らが紡ぎ出している「夢」であったことが自覚されるのです。

妄想との区別

日常現実でも、僕らが見ているものは異なります。いわゆる思い込みの激しい主観的な人の場合、狭い個人的な価値観や感情に支配されずに意識の明晰さと柔軟性を保持している人には受け入れ難いような偏った主張をすることが珍しくありません。上の伝でいえば、彼らはdの世界からさらに後退してしまって、eの世界にいるのです。それよりさらに悪化すれば、fの世界となり、いわゆる妄想患者のそれになってしまう。

それらが同価値で、等しく尊重されねばならないとは僕は思いません。見ているものが人それぞれに違うと言っても、人間的意識の見地からして、eやfの人のそれは明らかに歪んだものであることはたしかでしょう。それは感情的混迷によって意識の明澄《めいちょう》さが奪われた結果生じた歪んだ認識でしかないと解されるからです。この世界が一種の夢だと言うときでも、こうした理解は排除されない。寝ているときの夢と違って、この世界の夢は明瞭な意識（より次元の高い意識からすれば不明瞭なものかもしれないが）に映じたもので、通常の病的妄想とは違うからです。妄想に支配される人が大部分になれば、この世界は一個の悪夢と化してしまうでしょうが（それについては後に章を改めて論じることになるでしょう）。

ここで述べてきた考えは、哲学では idealism、観念論と呼ばれるものの一つで、何ら目新しいものではありません。しかし、これはそうした書物に基づいて発想されたものではなく、自分で考えていったらそちらの方が理解の枠組みとしては道理にかなっているように思えるようになったということなのですが、いかがなものでしょう？

第三章　意識と自己──誤った自己観念はどのようにして生まれたのか？

自意識をもったパソコン

僕はよく、「パソコンが自意識をもつようになったらどうなるか？」というたとえ話をすることがあります。ここでもそれから話を始めましょう。

パソコンも用途によっていろいろなものがあり、また、値段によってその性能も様々です。もとより、パソコンは自分で自分を作ったわけではない。それは工場で部品を集めて組み立てられ、出荷されたのです。ところがそのパソコンが自意識をもつと、その性能や外観を自慢に思ったり、恥と感じたりするようになる（ユーザーが誰かということや、どの会社で使われているかといったことも、そのパソコンにとっては自尊心の拠《よ》り所の一つとして重要なものになるかもしれません）。

むろん、彼はそれを他のパソコンと比較しているのです。そういうのは余計なことで、ちゃんとその機能を発揮して、こちらのコマンドに応じてくれさえすればいいのだとユーザーは思いますが、自意識をもつパソコンは、つねに評価と称賛を期待し、たまに固まったりしてユーザーが舌打ちしたりすると、自尊心がひどく傷ついて、拗《す》ねて言うことを聞かなくなったりするのです。甚だしい場合には、自意識過剰から苦悩や葛藤にさいなまれるあまり、ソフトもまともに機能しなくなって、使い物にならなくなったりする。

通常の自己観念の虚偽性

大方の人はそう言えば笑うでしょうが、今の世間で流通している自己観念は、この自意識をもったパソコンのありようと大して変わりません。僕らのこの脳を含めた身体も、自然という工場で作られ、この世界に「出荷」されたものでしかないのですから。パソコンが自分で行き先を選べないのと同じで、どこの国、どの地域の、どんな家庭に自分が生まれるかもわからない。そうした条件は自己観念以前に、それに先立ってすでにそこに存在していたのです。

だから、あなたが秀才であろうと落ちこぼれであろうと、美人だろうとブスだろうと、家庭が豊かであろうと貧乏であろうと、それに対してあなたに責任は何もないことになります。従って、自惚《うぬぼ》れたり卑下したりすることも筋違いだということになる。そこには手柄も落ち度もないのですから。

こう言えば、「いや、本人の努力や心がけというものがあるだろう」と言われるかもしれませんが、それも天与の能力や環境が大きく影響しているのです。たとえばうちの息子は中学生の頃、野球に熱中して、ハードな部活だけでは飽き足りず、毎日自主練に励むほどで、将来プロ野球選手になりたいという夢を語っていました（ソフトバンクホークスのファンであった彼は、城島捕手が監督として戻ってくるであろうと見立てて、そのチームで「四番を打つ」のが夢だったのです）。しかし、本人の前ではそうは言わなかったものの、親の目からすると、彼がいくら努力しても大谷翔平やイチローのような傑出した選手はもとより、並のプロ野球選手になるのも難しそうに思われました。高度な運動能力などの遺伝的素質がないからです。そしてそれは彼の責任ではない。親の責任でもないので、その遺伝形質も親がそのまた親から受け継いだものにすぎないからです。

偽りの自己観念が強化される理由

こう見てくると、通常の自己観念や、それを元にした自己責任論などは基本的にナンセンスなものであることがわかります。こういうのは心理学で言う「条件づけ」の産物でしかないのです。どうしてこういうことになるのか？　いわゆる「自我のめざめ」と呼ばれる自意識が強くなる思春期の頃から、この〈私〉意識、〈私〉感情は強くなりますが、学校は生徒たちを競わせることによってたえずこれを強化し、道徳的な自己責任を強調することによって彼らに対するコントロールを容易にしようとします。その後就職して社会人になると、そこでも学校の延長で競争の奨励と自己責任の強調が行われて、企業は利潤の増大につなげると共に、従業員支配を容易にしようとするのです。

他方、厚顔な商業主義は売り上げを伸ばすために「お客様」である人々をたえず持ち上げ、その自己愛的な傾向を助長しようとします。この虐待と過度の甘やかし（ちなみに、この二つは心理学では人を病的にする二大危険要因と見なされています）によって、自己観念は強化され、意識はそれを離れられなくなる。近代的な権利や義務の観念もこうした自己観念と密接に結びついたものとして理解されるので、今の文明社会は全力を挙げて意識の自我固着を進めているようなものなのです。

それはこの文明社会では全く自然に行われているので、その基体となっている自己観念そのものが疑わしいものであることには気づかなくなる。これは悪魔の罠のようなもので、実際僕が悪魔なら、これほど効果的に人を苦しめ、人を真理から遠ざける観念はないので、喜んでこれを植えつけるだろうと思います。その挙句、人類は自分の心の内部も外部の自然世界をも深刻な荒廃と破壊に追い込んで自滅することになるに違いないのです。

脳の自己錯誤?

少し話を戻して、それなら「正しい」自己認識というのはどういうものなのか? その前に、どうして人はこうした誤った自己観念を受け入れてしまったのか、急がば回れで、それから見ていった方がいいでしょう。

人間の脳はある種の生物コンピューターのようなものなので、入ってきた情報を一元管理するための統合ソフトのようなものが備わっています。経験や知識は全体が一つのもの、この個体に属したものとしてまとめられるのです。そして、身体的な一応の独立性に合わせて、それに対応する内的実体が思考作用によって構想され、それが「自分」として観念される。それが人格、パーソナリティで、成長のプロセスで大きな障害が発生すると、第一章で見た解離性同一性障害のように、多数の人格が独立性を保って併存するというような奇妙な事態が発生するのですが、通常は一つの人格としての統合性をもつようになります。

英語のパーソナリティという言葉が古代ギリシャ劇の仮面を意味するペルソナに由来するというのは有名な話ですが、実際、人格というのは僕らがこの世界で一定の役を演じるためのお面のようなものでしかありません。その程度のものでしかないという自覚があればおおごとにはならないのですが、思考がそれを実体視して、意識がそれに固着するようになると、強い〈私〉感情と自意識が生まれ、意識本来の透明性や広さと、感情本来の流れるような自然さ、思考の柔軟性など重要なものを深刻に損なってしまうことになるのです。

誰でも幼児の頃は自由だった

幼い子供にはまだそういうところはありません。興味深いことに、幼児はワタシやボクといった言葉ではなく、自分がそう呼ばれている名前や愛称で自分のことを指します。「あーちゃんはあそこに行きたい」とか、「ケンちゃんはこれが好き」とか、ふつうにそういう言い方をするので、それは意識が客観的に、自らが宿った個体の欲求を描写しているかのようです。実際彼らは天真爛漫であるのみならず、しばしば驚くべき知覚力を示します。彼らにはまだ十分な言語化能力がないからそれがわからないだけで、周囲のオトナが注意深く隠していることさえ知っていたりすることがあるのです。子育てをした経験がある人は、「何でこの子が知ってるの?」と驚くような経験をしたことが一度や二度はあるはずです。実際彼らには一種の超能力者みたいなところがあるのです。これは幼児の意識が狭い自己観念から自由であるからで、一連の条件づけプロセスがまだ始まっていないからです。

さきほど、人間の脳には入ってきた情報を一元管理するための統合ソフトのようなものが備わっていて、経験や知識は全体が一つのもの、この個体に属したものとしてまとめられる、と書きましたが、これには「意識の助けを借りて」と付け加えなければならないでしょう（第一章の意識の保護的作用についての議論を思い出してください）。機械と生物としての人間が決定的に違うのはそこで、機械には外部からはそう見えたとしても、それが自身によって意識化され、内的に体験されるということはない。だから、どんな高性能コンピューターでも、「内的生活」というものは存在しないので、それはゾンビのようなものだと言う人がいますが、僕もそのとおりだろうと思います。

しかし、第一章でもそれについては触れましたが、この意識は脳によってつくり出されたものではない。意識はこの宇宙に遍在していて、それはあらゆる生物に対して保護的な働きをしている。これも前に述べたとおりで、そうすると本質的なものはこの意識だけで、通常の自己観念は、それが道理に合わないものであることはすでに述べたとおりですが、人間の近視眼的な思考の産物でしかないということになるでしょう。

禅の公案の目的

こういう考えは何ら奇抜なものでも、目新しいものでもありません。たとえば禅の有名な公案の一つに、「父母未生《ぶもみしょう》以前、本来の面目を道《い》え」というのがあります。自分の両親が生まれる以前の本当の自分はどういうものだったか、それを答えろ、というのです。これはむろん、あの世で魂として生まれ変わるときが来るのを待っていました、というような間抜けな返答を期待して言っているのではない。第二章で、現代人は実体思考に深くからめとられていると書きましたが、これは通常の自己観念を粉砕すると共に、自我のヴァリエーションの一つとして構想された実体的な霊魂観念それ自体を脱落させようと設計された問いかけなのです。

第一章で述べたような普遍的な宇宙意識、ガーダムの言うような「不可分の意識」があったとして、僕はそれはあると確信して生きていますが、僕らが日常経験している意識は、脳という一種の受信機を通してキャッチされたその意識のかけら、断片のようなものです。禅の上の公案はだから、その大本の意識を自覚させるためにつくられたもので、それは自我を実体視して意識がそれに固着しているかぎりは不可能ですが、その中心点が消え、意識それ自体がそれとして体験されると突然視界が拡大するような感覚と共に実感されるものです。

科学者の直観

科学者は今、ブラックホールの謎の解明に心血を注いでいるそうですが、それは従来の物理学法則を無効化する、つまり、それによって従来信じられてきた物理学理論が全面的に否定され、倒壊させられる可能性すらあるということです。にもかかわらず彼らが謎の解明に懸命になるのは、自己破壊衝動に駆られているからでも何でもなくて、さらに奥深い、その現象をも取り込んだ総合的な秩序や法則があると信じているからでしょう。そして人間にはそれが理解しうると考えている。つまり、上の文脈に即して言えば、僕らの意識が宇宙を統《す》べる意識と別ものではなく、その同一性が直観的に確信されているからだと言ってもよいのです（アインシュタインの有名な言葉、「この世で最も驚くべきことは宇宙が理解しうるということだ」もこの文脈で捉えるとわかりやすい）。

残念ながら、そのブラックホールの謎が解明されたとしても、それはごく少数の物理学者や数学者にしか本当には理解できないものでしょう。それは先のパソコンの話と同じで、個々人がもつ脳の性能には大きな違いがあって、たとえば文系頭の僕の脳は、そうした事柄を理解しうるようにはできていないからです。それには特殊なスペックがいるが、それは僕の脳には〝搭載〟されていないのです。それはすべての人の「標準装備」にはなっていない。

けれども、それは別に嘆くべきことではない。それ自体誤ったものである自己観念に支配されているがゆえに人は嫉妬や羨望という感情に苦しめられることになるわけで、それぞれの個体にはそれぞれの役割と使命があるので、僕らは自分が受け持ったそれを果たせばいいだけ、そして考えが及ばないことについては教えを乞えばいい、ということになるはずだからです。それに自己同一化して意識が自由さを失うことこそが問題なので、そういうふうになると、先ほどの「自意識をもったパソコン」みたいになってしまって、余計な感情が災いし、持ち前の能力すら発揮できなくなってしまうのです。いいことは一つもない。

誤った自己観念は確実に人を不幸にする

従来の自己観念がどれほど有害なものとなっているかは、今の世の中を少し眺めただけでも明らかです。いわゆるエリートたちが学歴や自分の能力を誇らしげに吹聴するのはまだお愛嬌としても、それを使って社会に貢献するのではなく、自分がそれで権力をふるえる人間になることや、人より多い財産を形成することに腐心するだけで、その利己性を恥じる様子が全くないのは嘆くべきことです。親たちもわが子を「高学歴エリート」にするために必死になって教育投資を怠らないのですが、ミもフタもない言い方をすれば、それはわが子に将来「うまい汁」を吸わせるためなのです。世間もそれを「勝ち組」として賞讃する。

他方、ルーザー、「負け組」になった方は悲惨です。これは物質的な収入の多寡だけの問題ではない、何より精神的に惨めな思いをさせられるのです。あなたがあまりお勉強が得意でなかったり、要領が悪かったり、家が貧乏で将来の栄達に有利な教育を受けられなかったりしたのは、先ほども見たとおり、あなたの責任では別にありません。しかし、「自意識をもつパソコン」並の後天的自己観念に洗脳されたあなたは、それも「自己責任」だと思い込み、「ダメな自分」に強い自己嫌悪をもつのです。

勝ち組の中に入れても安泰ではない。そこにはつねに脱落の恐怖があるのです。たとえばあなたが家庭環境に恵まれ、親の支援よろしきを得てハードな中学受験に勝ち抜き、その後も苦しい勉強を厭《いと》わず、成績を落とさないまま中高一貫の有名私立から憧れの東大に入ったとしましょう。あるいは地方の平凡な公立高校から、稀に見る秀才だというので学校の全面的支援も得て、その学校から一人だけ、現役でぽんと東大に入ったとします。ところがそこには、自分よりお勉強のできる人間がたくさんいて、中には大した苦労もせず、易々と合格したように見える飛び抜けた秀才もいるのです。またパソコンのたとえを使わせてもらうと、それまで自分は「高性能パソコン」だと思っていたのに、そこでは並かそれ以下の性能でしかないとわかるのです。

そこで自尊心を何とか立て直して、無事卒業して就職にこぎつけたとしても、今度は役立たずの知識だけで実務能力がないとか、「コミュ障」だとか言われ、出世競争から脱落する恐れがある。東大卒に嫉妬心をもつ上司や同僚からいやがらせを受けることも少なくない。それを見越して東大卒が多い国家官僚になる道を選んだとしても、そこでも閉鎖的な人間関係と熾烈な出世競争が待ち構えていて、自尊心と権力欲の化け物のような、お馬鹿な政治家たちのご機嫌も取らねばならないのです。むろん、サービス残業も半端な量ではない。そしてうつになってある日駅のホームから……。

つまり、どちらに転んでもあなたは幸せにはなれそうもないということです。それなら両者の中間ならいいかといえば、これもそうとは言えない。ほどほどの大学を出て、ほどほどの会社に就職したり、地方公務員になったとしても、そこでも「パソコンの較べごっこ」は同じように行われていて、つまらないお世辞を言い合ったり、つまらない中傷にさらされることになったりするのは同じなのです。そこでできるだけ無難に過ごしたいと思えば、おそらく一番いいのは「目立たない」ようにすることでしょう。有能すぎると思われたり、無能すぎると思われると、バッシングの対象になる可能性が高いからです。だから嫉妬や蔑視を招かない「よくあるパソコンの一つ」になりきることが大事なのです。

こうして見てくると、個我観念が有害無益であることは明らかです。国家、民族間の争いにしても、それは同じこの個我観念の帰属集団への心理的投影と、それへの自己同一化によって生じるもので、根本は同じなのです。高い知性をもつ宇宙人がこれを見れば、「なんて幼稚な生物なんだ！」と呆れるでしょう。古代ギリシャ・ローマの哲人たちは自らを「宇宙市民」と称しましたが、そういう気宇の壮大さは失われてしまったのです。

環境問題が解決できない理由

もう一つ、今や世界的問題となった環境破壊や地球温暖化の問題を見てみましょう。これも、現代文明人の解離人格（自分の個我人格に無意識的に自己同一化する心性はこの呼び名にふさわしい）特有の閉鎖的で利己的な「人間中心主義」的思考が背景にあって生じた問題であることは明らかです。現代人は自然の事物をモノ扱いすることに慣れてしまって、今やそうした態度が病的なものであるという自覚すらほとんどないのではないかと思われますが、昔の人々にとって自然は「神の宿る場所」でした（日本古来の自然神道――政治イデオロギーとして悪用された国家神道ではなく――は明らかにその一つでした）。そして人間自身が自然の一部として自覚されていたので、自然に対する敬意や愛情、つながりの感覚は、それこそ自然なものとしてあり、それが歯止めとして作用していたのです。しかし、機械力やテクノロジーの発達と共に、自然に対する操作・改変能力が上がるにつれ、また都会暮らしが増えて自然と疎遠になるにつれて、おかしな思い上がりや感性の鈍麻《どんま》が生じて、それは自身の欲望を満たすためのたんなる素材、モノでしかなくなった。それが集合的無意識レベルの利己主義だとすれば、この人間社会を自分個人に奉仕すべきものと思い込み、他者を利用すべきモノ扱いするようになったのは個人的無意識レベルの利己主義だと言えるでしょう。だからこの二つの利己主義は別々のものではなく、つながったものであり、どちらも意識の狭隘《きょうあい》化の産物として生じたのです。

道徳以前に認識の問題

これは道徳的腐敗の結果というより、認識の過誤によって生じたものだと僕は思います。人間の意識が依存する究極的な意識の見地からすれば、この世界、宇宙自体が自分だということになるでしょう。そうするとものの考え方や意識のありようは全く違ってくる。人間の自我は、一個の統一性ある有機体として人を活動可能にする機能でしかないと考えて、それを実体視することがなければ、意識がそれに固着して、心が狭い私感情に染められ、それに支配されることはなくなるでしょう。

僕らのこの文明社会は、しかし、そうした自己観念の実体視に基づいて運営されており、あなたの周囲の人たちは皆、あなたの中に固有の〈私〉が存在するかのように働きかけるので、それに刺激されてあなたの意識はいつもその自己観念に戻るよう仕向けられるのです。それによって無意識的な強い条件反射のようなものが形成され、それをあなたは自己＝自意識として経験するのです。

こうした自己観念が根拠のない、時間的な順序から言っても道理に合わないものであることはすでに見たとおりですが、条件づけには強い感情的傾性というものが伴うので、問題を頭だけで考えて処理しようとする人たちは「わかっちゃいるけどやめられない」的な反応に悩まされ、いつまでたってもそこから出られないということになってしまうのです。

しかし、それを理解しているかどうかは重要で、まず理解しないことにはどうにもならない。それには意識が私を完全に忘却するという体験が必要かも知れず、さらにはその根源的意識の完全性を、そちらの側から体験するということが不可欠になるかもしれません。でないと人は安心できないからです。次の章ではこの困難な問題を扱ってみましょう。

第四章　意識が自己を離れるとき生まれる変化

「自我の確立」という幻想

僕が十代の頃、といえばそれは昭和四〇年代（1965～1974）ですが、「自我の確立」という言葉をよく耳にしました。ネットで調べてみると、それは今でも一部では使われているようですが、当時どうしてそれが大きな声で叫ばれたかと言うと、西洋人に較べて集団的な日本人は自我が貧弱である、それでは近代的・民主的な社会を建設することは困難で、その中で力強く生きていくこともできない、というようなことだったのだろうと思われます。

山奥の僻地で育った僕ですらこのスローガンを耳にしたことがあったくらいだから、その当時これは文部省（当時は文部科学省ではなかった）肝煎りの教育スローガンの一つで、「青少年の重要な課題」とみなされていたのでしょう。かつてのあの戦争も、一種の「集団無責任体制」の中で行われ、誰が責任当事者なのかわからず、気がついたら民族絶滅の瀬戸際まで行っていたのです。またああなっては困る、戦後の民主主義体制の下では異論もきちんと唱えられる健康で強力な個人の存在が不可欠だと、文部省や教育心理学者たちは考えたのかもしれません。

どうしてそれは失敗するのか

そのこと自体は間違っていなかったと思うのですが、この近代的自我の育成というものには大きな問題があって、僕自身当時の青少年の一人として、「オリジナルで自由かつ独立した自我を確立しなければならない」と大真面目に考え、そのために骨折ったのですが、これは完全に裏目に出てしまい、考えれば考えるほど自分は疑わしいものに思われて、「自我を確立」するどころか、自らその基盤を掘り崩して崩壊させてしまうという皮肉な結果に立ち至ったのです。とくに十代最後の二年間ほどはひどい状態に陥って、「考える私」そのものが全く信用できず、しかし、その信用できない自分の思考システムに従って考え続ける他ないというジレンマの中で苦しみ、五感を含めての自分が自分であるという自然な感覚――精神医学者ブランケンブルクの言う「自明性」――が深刻に損なわれ、精神科医のところに行けば（行きませんでしたが)、統合失調症の初期段階と診断されたかもしれないような惨状に落ち込んだのです。
今から思えばこれは当然の結果で、西洋的な自我の観念それ自体、キリスト教的な絶対神との関係でようやく維持されるしかないようなものだったのです。要点だけ言うと、啓蒙主義的な哲学では、理性の背後に神を置いて、理性に優越的な地位を与え、欲望や本能はそれに従うべきものとした。自我は両者の仲介者のようなもので、神ー理性ー自我ー本能・欲望のような図式になるのです。自我は実体というよりも、理性と本能・欲望がせめぎ合う場で、自我意識はその両方を感じ取りながら、理性による本能・欲望の制御によってバランスを取ろうとする。それはもともと不安定なものでしかないのです。「確立」なんて本来的にあり得ないものだと言ってよい。

げんにこれがうまく行かなくなっていたからこそ、フロイトやユングの無意識心理学が登場して、一種の「理性の専制」が行われているとして、抑圧された本能・欲望を取り込んで、自我をもっとふくらみと柔軟性のあるものにしようとしたり、ユングの場合だと、セルフの概念を別に立てて、より深いそちらに意識の中心を移すよう提言したりした。今、「理性の専制」と言いましたが、この理性にしてからが自我意識の側から捉えられた、偏頗《へんぱ》で一面的な世間道徳の集合体のようなものでしかなくなっていたのです。加えて、ニーチェの「神は死んだ」という言葉に象徴されるような神不在の事態が起きて、理性の地位自体が危ういものになっていた。

そういうときに、日本の教育学者や心理学者たちは「自我の確立」なんて言葉を取り込もうとしたのです。後で触れますが、日本人の心のありようというのは、元々西洋的な自我中心的なものにはなじみにくいものだった。西洋においてすら信じられなくなっていた不安な自我を「確立」するなど、とんでもない話だったと言えるのです。

しかし、当時の青少年の一人だった僕はこれを大真面目に受け取って、自我というものを実体視した上で、そこに自由と真理追求の拠点を打ち立てようとした。それでこそ「自我は確立される」と考えたからです。しかし、すでに見たとおり、その企ては惨めな失敗に終わって、奈落の底に落ちるような絶望を味わうしかなくなったのです。

自分を忘れたときにだけ洞察は訪れる

僕が今これを書いているのは、同じような失敗を今の若者に味合わせたくないという気持ちもあってのことです。それは意味がない。幸いなことに、神がその窮状を憐れんでくれたのか、二十歳の誕生日を迎えて一月ほどたった頃、理由はわからないまま、中学生の頃からずっと悩まされてきた得体の知れない不安と疑惑が嘘のように消えてしまう体験をしたのです。その頃、僕は埼玉県の和光市で新聞配達のアルバイトをしていたのですが、ある朝、朝刊の配達の途中、見通しのいいゆるやかな坂の下でバイクを停め、自動販売機で缶コーヒーを買って、それを飲みながら静かな明け方の風景を見るともなく眺めていました。いつも見る風景がその日は異様に鮮明に見えるなと思ったとき、頭の中のモヤモヤがすっかり消えていることに突然気づいたのです。それは以後、二度とぶり返すことはなかったのですが、何が起きたのか意識的には理解できなかったので、持ち前の確認癖から今度はその解明に乗り出し、それからちょうど三年後、「わかった！」と叫んで論文もどきを書いてそれに一応の決着をつけることになりました。

後で考えて気づいたのは、二度とも、特殊な外的事情が発生して、僕の関心はそちらに集中され、しばらくの間内面的なことを全く考えていなかったということです。要するに、余儀なき事情のため、自分のことをすっかり忘れていた。この二度目のときは明確なヴィジョンのようなものが伴ったのですが、自分のことを忘れていたのが幸いして、そういうことが起きたのです。

皮肉な言い方をさせてもらうなら、「自我の確立」に骨折った挙句、半病人のようになり、その後たまたま自分のことをすっかり忘れていたとき、つまりそういう問題とは無縁になっていたとき、突然の覚醒のようなことが起きたのです。僕は日本人の中では割と明確な個をもった部類の人間だと思いますが、それは「自我の確立」に成功したからではなくて、そのような努力をやめた結果そうなったのです。

これは断言してもいいことですが、重要なことについての気づきというのは、自分というものが意識の中心にいるときには起きません。自我意識というのは絶望的に無力なのです。そこには自由もない。意識が自己を離れたときにだけ、自由は出現し、洞察は生まれるのです。これは自我（呼び名はどうあれ、個別の自己として観念されるもの）が妨害物でしかないことを示しています。あなたの脳も、それがいないときはよく働いてくれるのです。愛も知恵も、それがいないときにだけやってくる。

盤珪禅師の悟り

さとるさとると此頃せねば、朝のねざめも気が軽い

これは江戸時代の傑出した禅僧、盤珪《ばんけい》の和歌の一つです。これは悟ろうと悪戦苦闘している修行僧を揶揄《やゆ》した言葉ではむろんないので、悟りとは別の、「悟る自分」がいると思い込んでいるかぎり、悟りは決して得られないということを伝えようとしたものです。

盤珪さん自身、悟ろう悟ろうとして結局悟れず、その苛烈な修行ぶりが祟ってひどい病人になってしまうという苦い経験をしていました。やれやれこれでおしまいか、とくに他に思い残すことはないものの、昔漢文の『大学』を私塾で習っていて、そこに出てきた「明徳」がどうしてもわからず、それに引っかかって学業を放擲《ほうてき》してしまい、その後坊主にまでなって何年も

修行したものの、とうとうそれがわからないまま死ぬのだけは残念だ、と呟いて諦めかけたある朝、顔を洗おうと外に出たとき、ふと梅の匂いが鼻をうって、その瞬間、大悟《だいご》したというのは有名な話です。境地はその後年を追うごとに深まっていったようですが、基本の道理そのものは、その二十六歳の時にわかったことと寸分の違いもないとご本人が晩年に言っているので、それを疑う理由はありません。

どんなに偉い人でも、それは同じだということです。盤珪禅師はその結果、真に存在するのは「不生の仏心」だけで、人の心の本体もそれである、と確信した。僕の理解によれば、その「不生の仏心」というのはここで書いている「普遍的意識」とか「不可分の意識」、「宇宙的意識」と同じものです（それはあらゆるものを映し出す「霊明な鏡」のようなものだとも盤珪は言っている）。その洞察はおそらく、意識が「悟ろうとする自分」から自由になったとき、その意識自身が自覚するというかたちで出現したのでしょう。それはこちら側から見られたのではなく、それ自身として感じ取られたのです。

デカルトの「われ在り」についての疑問

ここで話をもう一度「自我の確立」に戻して、こうした近代西洋的な自己観念の普及、流行に与《あずか》って力があったのは、あの哲学者デカルトの有名なコギトの命題、「われ思う、ゆえにわれ在り」でしょう。実のところ、僕は若い頃、デカルトをその明晰さゆえに愛読したのですが、そのうちこの「われ思う、ゆえにわれ在り」だけは後づけのよけいな屁理屈で、どうにもいただけないなと思うようになりました。人は考えるだけでなく、見たり、聞いたり、感じたり、あれこれしているわけですが、それは反省的意識以前に成立しているので、そこに内的主体としての〈私〉が存在するかどうかは疑わしいと思われたのです。

僕の理解によれば、デカルトは「炉部屋の一夜」と呼ばれる一種の神秘体験をへて哲学に「開眼」した人でした。それは全意識の照明体験と呼べるようなもので、彼が意識の明澄性（「私がきわめて明晰に見る」）を真偽判断の基準に据えたのは、その意識の完全性と秩序をそのとき確信したからです（その意味では彼は一種の「悟り」を得た人だったのです）。それで彼はそれを唯一絶対の参照枠として、「あらゆるものを疑う」という企てに乗り出した。そこまではよかったが、そのとき彼はついでによけいなものを持ち込んでしまったのです。

何がまずかったのか？ ネットの『goo国語辞書』はこの有名な言葉を簡潔に、「すべての意識内容は疑いえても、意識そのもの、意識する自分の存在は疑うことができない」と解説していますが、この最後の部分がよけいだったのです。そこをカットして、「意識そのものの存在は疑うことができない」としていれば、問題はなかった。

東洋と西洋の違い

このあたり、東洋と西洋の文化伝統の一番大きな違いかもしれません。東洋では悟りの境地は鏡にたとえられ、そこに一点の私もないことが賞讃されます。それがあるのは汚点とされ、悟ったとは認められなくなるのです。前に見た剣豪宮本武蔵の「観の目」にしても、それは意識が私というものから完全に自由になった状態を指すのです。オイゲン・ヘリゲルが日本の弓の師匠から習った極意も、射手の「射る」という自意識が完全に消えた状態でした。こういうことは数え上げればきりがない。東洋的悟達では、すべてが「無意識」を志向しているのです。

西洋の場合、これとは反対に、「明確な自己」をもつことが何より重要視される（一部の神秘主義者たちは例外として）。それがないのは馬鹿かフヌケなのです。絶対者（神）との関係も、究極的には一対一の自己と神との差し向かいの関係なのです。心理学でも、自我では駄目だということになると、それより深いセルフをもつべしという話になる。とにかく、意識の中心点はどこかになければならないのです。それがない意識など存在しない。デカルトもだから、たんなる意識ではなく、その意識の座となる「考える私」を持ち込まずにはいられなかったのです。

問題は、体験的事実として、そういう内的主体が実際に存在するのかどうかということです。

西洋的論理からすれば、それは意識化されていないだけで存在するのだということになるのかもしれません。たしかに、尤《もっと》もらしい「客観的論評」を装いながら、私的な感情丸出しでものを言っている人は少なくありません。その場合、ご本人が無自覚なだけで、そこには強い自我感情が伏在しているのです（中には実際にそういう人もいますが、それでいて「私にはエゴがありません」なんて澄まして言うのはお笑いでしかない）。

日本的霊性のありよう

しかし、そういうことでは説明できないケースがたしかにあって、人間にとってははるかに重要なのはそうした説明が当てはまらない体験の方なのです。たとえば、日本語には主語がない、あるいは主語がなくても成立する言語だとよく言われますが、そこに重要な秘密が隠されている。次の文は僕ら日本人にはおなじみのものです。

国境の長いトンネルを抜けると雪国であった。夜の底が白くなった。信号所に汽車が止まった。……

これは有名な川端康成の『雪国』[4]の書き出しですが、英語なら I found……で始まりそうなこの文章には、主語となる「私」は全く出てきません。それは主人公の目に映じた光景を淡々と描写したものですが、その意識には私の影もないのです。

もう一つ、「閑《しづか》さや　岩にしみ入る　蝉の声」という松尾芭蕉の有名な俳句があります。そこにも明澄な意識と感覚はあるものの、何らかの内的主体がそれを観察しているというふうではない。逆に「私」という意識の中心点があると、こういう句は詠めないのです。

この句で僕が想像するのは次のような光景です。旅の途次、芭蕉は下に谷を見下ろす切り立った山の斜面の小道を歩いていたのかもしれません（考証によれば、それは山形県の立石寺に向かう途中で詠まれたものとされているようですが）。木蔭で涼をとることにして、ふと上を見上げると、湧き水の伝う大きな苔むした岩がある。その静けさの中、蝉の声があたり一帯の空間を領している。そのとき彼は「しみ入る」蝉の声を岩としてじかに感じ取っているかのようですが、同時に、意識のしじまの中から現れた神秘な調べのようなその蝉の声も、自身とは別の、外側のものとして感じられているのではない。そこにいる自分の身体も含めた全体が清明な意識の中に渾然一体のものとして現象化して、他には何もない。そしてそこには不思議な安らぎ、たとえようもない充足感がある――あえて言葉で説明すると、そんな感じなので、ここに「私は観察する、ゆえに私は存在する」というようなデカルト的自意識が入り込む余地はない。そうなったら最後、すべてはぶちこわしになってしまう。そこにある人間的な、豊かな体験それ自体が失われてしまうのです。

だからこれは、「私」というものが自覚されていないのではない。初めからその意識の中には私はいないのです。『雪国』の冒頭も同じです。僕ら日本人はそういうものとしてこれを受け取っている。おそらくそれが、日本人には一番ぴったりくる、落ち着ける意識のあり方なのです。子供の頃、当時の田舎には豊かな自然があったので、僕はその中で昔の狩猟採集民の生活を模倣するような遊びに毎日耽《ふけ》っていましたが、そのとき自分と周囲を取り囲む自然との分離は存在しなかった。それで学校に行き出すと、そこでは全然違うあり方を強いられてすっかり調子が狂ったところに、「自我の確立」なんてものを説かれて、それを真に受けてその方向に努力したところ、あやうく狂気の瀬戸際まで追い込まれそうになったのです。

西田幾多郎の「純粋経験」

これは笑い事ではない。ここまで書いたところで、僕はネットで「西田幾多郎の純粋経験」[5]と題された論文を見つけました（『立命館人間科学研究』No.5〔通巻21号〕2003年　所収）。著者は林信弘氏（立命館大学名誉教授）で、これは非常に面白かったのですが、僕はこの哲学者のことはほとんど知りません。知っているのは鈴木大拙の親友だったことと、やたら難解な言葉を使ったらしいこと、家庭的にはあまり幸福ではなかったらしいこと、京大教授時代のこの先生の散歩コースが「哲学の道」と呼ばれて観光名所の一つになっているということぐらいで、有名な『善の研究』[6]すら読んだことがないのです。しかし、この人の有名な「純粋経験」とは何なのだろうと気になったので、ネットで検索したら、この論文が出てきて、それを読むと、僕の言いたいことがそっくりそのまま書かれていたので、非常に驚いたのです。

林教授はこう書いています。「西田の『純粋経験』の『経験』は『意識』と読み換えることができる」と。そう読み換えた方が今の人には理解しやすいということですが、その伝で行くと——以下、さらにわかりやすくなるよう和文和訳しますが——、「個人が先にあって意識があるのではなく、意識が先にあって個人があるのだ」ということになり、「自己の意識状態をそのままじかに意識したとき、そこにはまだ主客の分離はなく、知る者とその対象とは全く合一している、これが意識の最も純粋な在りようである」ということになって、この意識こそが根源的で、主客に分かれた意識は二次的に派生したものでしかない、ということになるのです。

この「純粋意識」は彼にとって神に等しい。「神とは、西田にとって、宇宙を包摂する一大直観としての純粋意識（純粋経験）の統一力（合一力）の別名にすぎない」からです。そしてそこから、次のような壮大な宇宙観が展開される。

　純粋経験においては、突きつめて言えば、意識現象が唯一の実在とされるが、しかしその意識現象は即ち宇宙現象であり、自然現象と精神現象は、このいわば宇宙意識ともいうべきものから立ち現われ、一定の分化発展を遂げた後、再び宇宙意識に還って行く。が、再び現われ、分化発展し、また還って行く。この無限の分化発展をはらんだ無限の循環運動を貫いているもの、それが合一力（統一力）なのである。（上掲誌 p.70）

察するに、哲学者・西田幾多郎にとって、この「純粋意識（経験）」を明確に自覚し、その自覚に基づいて、それぞれの能力と持ち場に合わせ、この宇宙現象に積極的に参画することこそが、人にとっての「至上善」だったのです（『善の研究』という主著のタイトルもそういう意味で付けられた）。それ自体認識の過誤の産物である、近視眼的な自己観念に縛られて、意識の自由と万物との交流能力、真の意味での愛を失って、あらぬ方向に迷い出してしまうことではなくて……。

盤珪の意識の捉え方

ここでもう一つ、先日僕は岩波文庫の『盤珪禅師語録』[7]を読み返していて、新たに面白いことに気づきました。以前は何気なく読み流していたところに、よく考えると含みのある表現があったのです。

只今なつて［＝鳴って］聞ゆる鐘は、ならず、聞かぬ先にも、鐘の事は、みなようしつて［＝皆よく知って］居まするわひの。鐘のならざるさきにも、通じて居る心が、不生の佛心［＝仏心］でござるわひの。なつて後に聞えて鐘といふは、生じた跡の名で、第二第三に落た事で、ござるわひの。（同書 p.25）

別に聞こうという意識を働かさなくても、鐘の音は聞こえる。あっちで犬が吠えて、こっちでカラスが鳴くということが重なっていても、それらの区別は難なくついて、そこに何の混乱も渋滞もない。それが仏心の精妙な働きだというような話を彼はよくするのですが、ここでは明瞭に、鐘は鳴ってから聞こえるのではない、鳴る先から意識はそこにあって、だから聞こえるのだという言い方をしているのです。

現代科学の見地からすれば、これはいくらかおかしいと感じられるでしょう。少し離れたところから花火を見物していると、花火より少し遅れて音が聞こえる。音の伝達速度は光より遅いからです。しかし、鳴る前から意識はそれを知っていて、耳に届くその音は「生じた跡の名」にすぎないという言い方をしているのです。しかし、この意識＝「不生の仏心」が、宇宙自身が宿した意識であると解するなら、あらゆる現象はその意識から発するのだから、それは当然だということになるので、主客二元の意識は派生的なものにすぎず、そのレベルからすれば「跡の名」が真実に思えるにすぎない。むろん、その二元的な意識も、根源的な意識を支えとして成り立っているのだ、と理解されているのです。

思考習慣の罠を破る

こうして見れば、西田の「純粋意識（経験）」と、盤珪の「不生の仏心」は実質的に同じものを指していることが理解されるでしょう。その理解を困難にしているのは僕らの西洋化された思考習慣です。自分というものがまずあると思っている人の意識は、自他二元の見地から出られず、すべてをその図式の中で解釈しようとする。しかし、意識のあり方は本来そのようなものではない。普遍的な意識がまずあって、僕らが脳をその受信装置のようにしてその働きをキャッチし、そのおかげで感じたり、考えたりすることが内面化・意識化されるのだとすれば、「私が感じる、考える」というよりむしろ、根源的な意識がヒトという生物に働きかけてそんなことを感じ、考えさせている、と言った方が正確な表現に思えます。そうすると、主体の理解が変わる。前に、幼児の言うことを聞いていると、「それは意識が客観的に、自らが宿った個体の欲求を描写しているかのよう」に聞こえると言いましたが、意識が個我感情に縛りつけられていなければ、「これがこう感じ、考えている」で済んでしまうので、同時に、個我による内面の知覚や認識、感情の歪みも、つくり出されたり蓄積したりすることはなくなるのです。

そして真に価値ある、創造的な発見や生の歓《よろこ》びは、大小を問わずすべてその根源的な意識から直接来る。それに対する深い信頼が打ち立てられるとき、僕らの思考や感情、行為も、おのずと変容を遂げるのではないかと、そのように思われるのです。

第五章　不安はどこからやってくるのか？

このあたりであらためて、不安の問題を取り上げてみたいと思います。不安というのは一概に悪いものだとは言えず、人間に正気を保たせ、成長を促す明確に建設的な役割をもっていると僕は考えていますが、その不安の性質を見極めることは重要で、それはこれまで述べてきた意識のありようについての議論と直接関係するものと思われるからです。

実存的不安

昔、サルトルやカミュなどの実存主義哲学が流行った頃には「実存的不安」というものがよく語られました。世界は不条理で、この世に確かなものは何もなく、人間はそこにわけもわからず投げ出されているという根底的な不安が人間の心には隠れているというもので、これは科学やテクノロジーの発達に伴い、既成宗教が説く教えが子供だましのように思われ、力を失ったことが大きく関係していたと思われますが、人間の心に深く根差した意味への渇望に対して、没価値的な物質だけの無機宇宙を説く科学は、その代わりとなるものを何も提示しなかったのです。真っ暗な宇宙の深淵がそこにぱっくり口を開けているだけ。

今はこれに地球温暖化や人為的な原因による生物大量絶滅がもたらす環境破壊――それは人類の存続そのものを脅かすと見られている――が加わって、内面的な不安や空虚感に外部世界が呼応するという深刻な事態に発展しているわけですが、事態が深刻化すればするほど、それに対してはかえって鈍感になってしまうのか、勝ち組か負け組かといった表面的な、ある意味馬鹿らしい即物的な議論ばかりが増えている気がします。

ベンサム流人間観の行き詰まり

「馬鹿らしい」と言えば反発する人もいるでしょうが、このまま文明社会のありようが変わらなければ、全員が負け組になってしまうことは明らかなので、そういう議論は、目の前に巨大氷山が迫って沈没確実となっているときに、船上で誰が上か下か、権力財産を誰が握るか分配し合うか、ということで争うのに必死になっている人たちと同じなのです。元はと言えばそういうレベルの低級な争いに明け暮れていたから、船は正しい航路を外れて、危険な海域に迷い込んでしまったので、この期に及んでもまだそれではどうしようもないということになってしまうでしょう。

環境問題も、「持続可能な開発」なんてことばかり言うだけでは解決することは期待できないと思われます。それは「どうやってうまく自然から搾取するか」という人間のご都合主義的な発想に根差すものだからで、近代以降の人間中心的な思考への深い反省から出たものとは思えないからです。これは功利主義哲学の祖、ジェレミー・ベンサムが説いた「目先の利己主義」から「真の利己主義」への転換と思想的には同じで、彼は人間は基本的に利己的な生物であると規定し、利害をうまく調整することによって「最大多数の最大幸福」を実現すべしと説いたのですが、今の「持続可能な開発」論でも、そこにあるのは自閉的・利己的な個我の集まりである人間社会が、「目先」ではない「真の利己主義」に基づき、利用すべき外部のモノでしかない自然をいかに人間のマイナスにならないように搾取するかという人間中心主義から発想されたものでしかないように見えるからです（エコロジーという言葉を普及させたレイチェル・カーソンのような人は自然に対する深い愛をもっていましたが）。

かつて日本人がもっていた自然観

日本的なコスモロジーは、本来これとは異なります。僕は小学生の頃、祖母から「山の神」にまつわる特徴的な話を聞いたことがあります。昔、ひどい不作の年があって、その年は山の動物たちも木の実などの食べ物が不足していたらしく、イノシシの一団が出没して、夜な夜な田畑を荒らし回った。困った村人は猟師たちを雇い、民家に待機させて迎え撃とうとしたが、そうするとイノシシの襲撃はぴたりとやんで、三日たっても四日たってもそのままだった。もう大丈夫だろうと警戒を解いた途端、イノシシたちは再び現れて、その晩はこれ見よがしに人家の庭にウンチまでしていったというのです。

「それでどうしたの?」と興味津々僕はたずねました。イノシシをやっつけるもっとうまい方法を考えたのだろうと思ったのですが、祖母の答は違って、人々は「イノシシには山の神がついている」という結論に達し、諦めることにしたというのです。人間だけではなく、あれたち(イノシシ)も今は困っているのだろう、ここは山の神の采配に従うしかないということになった。僕が子供の頃、山の神の祭礼は盛大なもので、大人たちは早くから準備し、祭礼の当日は全員が仕事を休んで公民館で昼間から酒盛りなどしていたので、小学生の僕にはどうして学校が祭日で休みにならないのだろうと不思議だったのですが、その山の神は山の生きものすべての守護神であって、ひとり人間だけをえこひいきする存在ではなかったということです。そのとき僕は祖母から、イノシシがどんなに賢い生き物であるか、あれこれ話を聞かされたのですが、その親しげな口吻《こうふん》には、人間だけが特別な存在であるというような感じはまるでありませんでした。昔は今のように行き過ぎたスギ、ヒノキの植林などはされておらず、豊かな原生林が茂った山には十分な食べ物があったから、彼らが人里に降りてくることはめったになかったのですが、人間が自分の都合で開墾したり、山の生き物をとって食べたりすることはよしとされても、何もかも好きにすることは許されず、行き過ぎた場合には山の神は人間の味方はしてくれなくなると考えられていたのです。

今でも世界各地の少数民族などには同じような自然と人間の捉え方が見られますが、おそらくそれは十万年前の狩猟採集民の時代からある、最も根源的な自然観だったのでしょう。それは頭で考えられた「共生思想」ではなくて、生の生活実感としても一番ぴったり来るものだったのです。

正気を失った人間がやること

環境問題もいったんそこに戻らないと、どうしようもないでしょう。今は万事やることが乱暴すぎるので、漁業などでも巨大漁船に巨大な地引網をつけて、海ごとさらって、売れる魚だけえり分け、後は全部捨てる（死んだ魚たちを、ということですが）なんて、慎みを知らなさすぎるというか、全体に滅茶苦茶やっているのです。自分たちがその一部だという感性そのものが欠落しているので、経済的合理主義だけで、他のことは知らんみたいなやり方があらゆる面で見られる。山を削って宅地造成する際でも、重機を持ち込んで強引にやって、木々の悲鳴が聞こえてきそうです。河川にも、コンクリートで固めていりもしない砂防ダムばかりむやみと作って、生態系への配慮もクソもない（僕の郷里の川などは無用なスギ、ヒノキの奥山までの植林にプラスしてこれで、完全に死んでしまいました。こちらの場合は土建業者を食わせるために自治体が予算を機械的に割り振ってやっているだけで、経済的合理性すら皆無なのですが）。

今の日本人は古来のエコロジー思想を失っただけでなく、西洋伝来のそれもまるでわかっていない。生物大量絶滅は外国の話だと思っている人が多いようですが、きれいな川が流れているように見えても、そこには昔のような多種多様な魚や貝などの生きものはいないのです。数も激減しているので、僕のような元川小僧は、水に潜って、その変貌ぶりに戦慄《せんりつ》するのですが、外から眺めているだけの人はそういうことを知らないのです。子供たちの大好きなクワガタ（僕が子供の頃はウジャウジャいた）なども激減しているので、山の荒れ具合もすさまじいのです。僕がたまに田舎に帰ってそこらを歩き回っていて驚くのは、蛇の種類や数も激減していることです（僕の肌感覚では十分の一以下になっている）。当然、餌となるカエルたちも減っているわけで、何から何まで減っていて、そのうち死の静寂に呑み込まれてしまうのではないかと思うほどです。海の貧困化については、漁師さんたちに聞けばよくわかるでしょう。これで地球温暖化による海温上昇でサンゴ礁が絶滅すれば、目も当てられないことになる。今のままだと、アマゾンの密林消滅（二酸化炭素の吸収源から排出源に変わってしまうだけでなく、地球規模の気流の大変化をひき起こす）とサンゴ礁の消滅は共に今後五十年以内に起きかねないのです。

古くさいアニミズム？

こういうのは、先の「山の神」的発想からすれば、己の分を弁《わきま》えない蛮行の必然の結果で、バチが当たったのだという理解になるでしょう。日本はかつて八百万《やおよろず》の神の国で、僕が子供の頃はまだ、各家庭には「かまどの神」はもとより、トイレには「手水《ちょうず》の神」まで祀られていて、いたるところ神様だらけでした。それはあたかも神という基体の中から森羅万象が現れているかのようで（個々の神は、それぞれの場に現れたその神の多様な顔の一つと解される）、少なくとも小学生の頃までは、それは僕にとってもリアルな実感だったのです。渓谷はそれ自体生命をもつ存在であり、木々にしても、それはたんなる木材や実を提供する物質ではなく、紛《まが》うかたなき生命であり、後年「樹霊《じゅれい》」という言葉を見たときも、それはすぐにピンと来るものだったのです。だから谷や森の奥に一人で入り込んだときも、孤独というものを感じたことは全くなかった。自分が分離した存在だとは感じなかったからで、大人たちは、「こわがりなのに、よく平気であんなところまで行ったものだ」と笑いましたが、僕は人中にいる時の方がむしろ不安や孤独を感じたのです。

自然から遊離するということは、自ら生命感覚を断ち切るというのと同じで、何とも言いようのない無意味感はそこに淵源《えんげん》しているのではないかと、僕には思われます。実存的不安というのはだから、元々は文明化した孤独な都会人の心の中に生まれたもので、そうなるとあるのは自我意識だけになって、そのおかしな具合に自己完結した意識の中で人生の意味や完全なものを見つけようとしても、そんなものは見つかるはずがないのです。そこで、「いや、そんなものは元々存在しないのだ。そのようなものを求めること自体、幼稚というもので、男らしく（こういう表現はジェンダー的に好ましくないとされますが、昔風に言えばこうなる）この世界の無意味さに耐えて、自分以外に頼りとするものは何も求めず、むろん神などというたわごとは一笑に付して、力強く生きることこそが重要なのだ」と考えることが、少なくともインテリにとってはトレンドのようになったのです。

そして生まれた無自覚なニヒリズム

これがいわゆるニヒリズム（虚無主義）ですが、メンタリティ的には現代人の大半はこの病気に冒されていると言ってもいいでしょう。それによって人は自我を神の位置に押し上げた。

神は幼稚で弱々しい人間の迷信だと言いながら、自身の自我崇拝がひどい迷妄の産物であることには気づかない。そして大半の人は、貧弱な自我を単独では支えられないので、自分が帰属する組織や集団、階級、民族や国家にその自我を投影し、無意識にそれをつっかえ棒にしようとするのです。自我のもつ悪徳はこうして際限もなく増幅される。しかし孤独感や不安が癒されることはないので、その心理的補償として権力や名声、財力が求められ続けるのです。それが「足るを知る」ということは決してない。その背後には不安な自我の焦燥感がつねにあるからです。

実存的不安というものが孤立した自我意識の産物であるなら、その不安は本来「正しい」ものだったと言えるでしょう。それはそのあり方が間違っているという心の深い部分からのシグナルだったと解されるからです。ところが、現代人はそのことを理解せず、自我の権能と防衛をより強化するという、まるで反対の方向に進んでしまったのです。

見直されるべき文化伝統

前章の最後で述べたような、盤珪や西田哲学のような人間理解、世界理解に僕らが達したとしましょう。意識が自我を離れて、意識それ自身を自覚するという体験をしたとすれば、果たしてそこに無意味感や不安というものがあるのでしょうか？　不安が蘇るのは日常の自我意識に戻ったときだけですが、そのときでもその意識は前の体験を携えているので、それがないときと較べて不安ははるかに軽度なものでしかなくなっているでしょう。昔の人たちはそれを明確に自覚しているわけではなかったでしょうが、自我感情は現代人ほど根深いものではなく、心の深い部分では自然と同根の感覚があったので、その意味ではそれに気づくことももっと容易であったかもしれません（盤珪がなまじ知識のある人より無学な人の方が呑み込みが早いと言ったのは、そのあたりのことも関係しているかもしれない）。

個人的なことにわたりますが、先の山の神の話をした僕の祖母は大の神様好きで、朝晩の読経を欠かさず、同時に神社であろうと氏神様であろうと妙見様であろうと、その崇敬心は同じでしたが、幼時から人生の辛酸をなめ尽くしてきた人で、学校には一週間しか通えず、自分の息子三人も全員成人前に失う（一人は病死、一人は事故死、最後に残った一人は戦死した）という悲運にまで遭っていましたが、それらに関する愚痴めいた話は聞いたことがなかったので、昔はそういう人が、少なくとも庶民の間にはいくらもいたのです。彼女はボランティアの産婆（当時、出産は病院で行なうものではなかった）で、近隣一帯の子供たちは全員祖母が産湯を使わせた子供たちでしたが、それを苦にしたふうも全くなかった（お産が近いときは夜中に呼ばれればいつでも行けるようにモンペ姿のまま布団に入っていたというのは、その娘である母から聞いた話）。そして手ばかりかかる貧相で出来の悪い孫を神からさずかった「世界一の孫」みたいに思っていたのだから、究極の前向き人間だったわけです。

苦難が信仰心を育てたのか、信仰心ゆえに苦難に打ち勝てたのか、多分その両方だったのだろうと思いますが、祖母だけが例外ではなかったことを思うと、日本の文化風土にはかつてそういう人間を多数生み出すだけの力があったのでしょう。僕は若い頃山男の父に「おまえは糸の切れた凧と同じだ」と言われたことがあるのですが、今にして思えばなるほどと感じられるので、その「糸」は生命につながっていて、それを見失えば終わりだということに、「都会化」されて抽象観念で頭がいっぱいになっていた当時は気づかなかったのです。

切羽つまらないと自覚は生まれない

こういうのも、しかし、歴史の必然のようなものなのかもしれません。自我中心主義の行き詰まりは本家の西洋では二〇世紀中に深刻なものとして自覚されるようになり、東洋思想についての理解も、その方面に関心のある人たちの間では日本人より深くなっているほど（だから、日本語で読んでも厄介な西田哲学などの研究もむしろ西洋で進んでいると聞く）ですが、自分の意識が解離性人格者のそれのような断片化したものでしかなく、そこに苦しみの根源があるという痛切な自覚に達するまでは、そこから反転してより深い認識や世界理解を模索するという動きは起きてこないからです。

だから不安は大事にした方がいいと思います。日常的、現実的な生活の不安でも、その中心には孤立した自我があり、社会運営がうまく行っていないのも、道徳的な退廃も、根はそこに原因があるのではないのか？　その異常性をいろいろな角度から照らしてみようと、僕は今これを書いているのですが、一人ひとりの人がその自覚を得ようと努めるのでなければ、この人間社会は大混乱の中、危険な政治的全体主義に呑み込まれてしまって、いっそう非人間的で悲惨な世界に行き着く他はなくなってしまうでしょう。

個と普遍意識の関係

明確な個をもつことと、こうした認識は何ら矛盾しない。繰り返しますが、僕がここで一貫して主張しているのは、人間の意識は脳がつくり出したものでも、僕らの自我が生み出したものでもなく、それらに先立って存在するより大きな意識の一部であり、その意識には自他の別はなく、この宇宙全体を包摂するものであって、それこそが信頼に値するものだということです。これは体の全細胞が全体についての情報をもっていて、だからこそそれぞれの部位にふさわしい調和のとれた働きができるのと似ています。全体を知るがゆえに、それは分を弁えているのです。癌細胞はこれに対して、分裂増殖してその勢力を拡張するしか能がなくなった病的な細胞ですが、それは生命体全体とのつながりを見失って、無意味感に陥り、飽くなき勢力拡大に血道を上げることしかできなくなった哀れな存在と見ることができます。それは分を弁えず、あらゆるところに転移して、やがてはそれが宿る生命体を破滅に追いやる。人間の自我意識はこれとよく似ている（飽くことを知らない、むやみと拡張主義的な資本主義はこの病的な自我意識をエンジンとして発達してきた）。どうあがいたところでその意識の内部には絶望しかないということを自覚することによってしか、人は自らを癒せないのです。

第六章　意識の観点から見たオカルト現象

オカルトの語義

今の日本で「オカルト」という言葉は、「信用できない非科学的迷信」とほとんど同じ意味で使われているようで、「あれはオカルトだからね」という勝ち誇ったような評言は、自分は科学的で分別のある人間だという優越感をつねに背後に秘めています。

しかし、英語の occult には元々そんな侮蔑的な意味はないので、超自然的、神秘なものを指して使われ、ＣＯＤ（『コンサイス・オックスフォード英語辞典』）には beyond the range of ordinary knowledge というらまい語釈も出ています。「通常の知識の範囲を超えた」の意味で、これは公正かつ的確な定義だと思われます。

この定義に従えば、一般のオカルト現象だけではない、ブラックホールやいわゆるダークエネルギー、ダークマター（宇宙全体で見たとき、人間に既知のエネルギーや物質はそれに較べればごく僅かな比重を占めるものでしかないとされる）、さらには量子物理学全般も、それは世間一般の人の理解をはるかに超えたものなので、どれもオカルトになってしまうでしょう。実のところ、大方の人はまだニュートン物理学の世界に生きていて、その知見の範囲で理解できることを「科学的」と称しているだけなのです。

これまでここで述べてきたことも、それは多くが常識を逸脱するものなので、オカルト扱いされるかもしれませんが、supernatural、超自然とされるものも、それは natural の理解が狭すぎるからそう見えるだけで、実際にはいたって natural なものでしかないのではないかと、かねて僕自身は考えています。

オカルト現象をめぐる混乱した状況

はじめに幽霊の問題を取り上げてみましょう。これは「幽霊の正体見たり枯尾花」で、自分は科学的だと思っている多くの人たちからはたんなる目の錯覚にすぎないものとされています。それは心理学的な「恐怖心の投影」によって生じる幻覚でしかないとされるのです。世の中にはいわゆる「心霊スポット」なるところにわざわざ出かけ、幽霊体験を求めたりする物好きな人たちもいるので、僕はそういう人たちの話はあまり信用しません。そういうことをする時点で、すでにかなりの心理的バイアスがかかっているので、「人は見たいものを見る」という言葉が当てはまりそうだからです。

よくテレビに出るような自称霊能者などにも笑える人が多い。昔、「霊が見える」というので有名な女性霊能者がいて、その人が若い女性タレントを〝霊視〟するというテレビ番組を偶然見たことがあります。「あなたの後ろにあなたのおばあちゃんの霊が見えますよ」と言うと、相手は「ほんとですか!」と驚きの声を上げました。「ええ」とその女性霊能者は重々しい口調で言い、そのおばあちゃん霊のメッセージを伝えようとしましたが、女性タレントは不思議そうに、「私のおばあちゃん、まだ生きているんですけど……」と言ったので、見ていた僕は思わずふき出しました(父方母方どちらも存命だった由)。しかし、霊能者の方は、一瞬狼狽した様子でしたが、素早く態勢を立て直し、「いや、あなたのおばあちゃんと言っても、これはひいおばあちゃんの方で……」というような釈明をして、番組は何事もなかったかのように進行したのですが、テレビ局のスタッフは重要な基本情報をその霊能者に伝えていなかったから、そのような失態を演じる羽目になってしまったのです。

テレビのオカルト番組などは大方がこの類で、UFOにしても、幽霊屋敷の話にしても、思わせぶりなナレーションと共に、再現ドラマなどが映し出され、その後でおよそ信用が置けそうもない「識者」(肯定派と否定派の両方が用意されているようですが、どちらも揃って程度が低い）がそれにコメントをつけるというようなやり方で進行するのです。例外的に良心的なものはあるとしても、これはアメリカなどでも同じらしく、それは消費すべき娯楽の対象でしかない。だから知的レベルの高い人は誰も相手にしなくなるので、こうしたことがオカルトの信憑性を下げるのに与《あずか》って力があったのはたしかでしょう。真面目にこの種のことを研究する人たちは、社会の各所にいる頭ごなしの嘲笑を浴びせる否定派と、それを歪曲や誇張もまじえてセンセーショナルな好奇心の慰み物に仕立て上げてしまう（結果としてそれはいかがわしさを印象づけることにしかならない）映像メディアという敵を、背腹に抱える羽目になるのです。

菊池寛の幽霊体験

幽霊に話を戻して、しかし、次のような話は信用できるでしょう。これは批評家の小林秀雄が「菊池寛」[8]（昭和四十二年『小林秀雄全集第八巻』所収）というエッセイに書いていた、「逸話の宝庫」のような菊池寛（作家としてよりも文藝春秋社の創設者として有名）のエピソードの一つで、それは昭和十四年十一月の毎日新聞主催の四国講演旅行の際、今治市のS旅館で起きた事件だそうです。その夜、四人の講演者は順番に講演会場に車で連れて行かれることになっていて、最後に当たっていた菊池寛は、それまで寝ると言って二階の自分の部屋に引っ込んだ。それから……

菊池さんは、洋服を着たまま、床に入って、岩波文庫の「祝詞、宣命」を読んでいた。廊下に二十四、五の痩せた男が、短い浴衣を着て、うろうろしているのが、硝子戸越しに見えた。文藝春秋社員の香西昇に実によく似ていると菊池さんは思ったそうである。誰か部屋を間違えたのであろうと思い、気にも止めず、本に眼を移して読み出すと睡くなって来たので、本を顔の上に乗せ、そのまま眠ってしまった。急に胸苦しくなって、眼を覚まし、本をはねのけて起きようとすると、先刻の男が、馬乗りになっていた。首を締めにかかったので、何をするか、と菊池さんは両手で男の顋を下から圧し上げた途端、男の口から血が流れ出すのを見た。血のぬめりと一緒に、男の無精髭のチクチクする感触を掌にはっきりと感じた時、菊池さんは、「こりゃ人間ではない」と思ったそうだ。そして「君は、いつから出てるんだ?」と聞いた。すると相手は、「三年前からだ」と答えた。菊池さんは、話を続けようとしたが、急にだるくなって寝てしまったそうだ。（※表記は現代語に改めた。以下の同書からの引用についても同様。）

事はこれだけでは収まらず、他の人たちが文春の社員も含めて下で花札に興じていると、またもや二階で「菊池さんが何やら喚いている」ということになった。上記のことに懲りて、部屋を移っていたにもかかわらず、幽霊は菊池に執着して、再び現れたのです。翌日、参加者の一人の濱本氏の地元の友人が訪ねてきて、昨夜、何か変わったことはなかったかとたずねた。驚いてその話をしかけると、相手は最後まで聞かないうちに、「出たのは若い男だろう。三年前に肺病で死んだここの主人なんだ」と言った。

……S旅館が化けもの屋敷である事は、今治の土地の人は皆知っていた事で、何故一行がそんな家に泊る事になったかというと、最近そこを買った大阪の人が、菊池寛一行が来ると聞き、景気挽回の好機と考え、既に宿はK旅館と決っていたのを、種々運動した結果であった。

ということだったというのです。菊池寛はいたって実際的な人で、インテリに似ず、空想的、観念的なところが全くなかったというのが小林秀雄の見立てですが、一種の霊感体質だったらしく、幽霊に出くわして難儀するのはこれが初めてではなかった（前にも北海道の旅館で女性の幽霊に遭遇したことがあった）。後で小林がご本人にこの件について確認すると、「ありゃ、君、本当の話だよ」とぶっきらぼうに答え、ネクタイでそんな錯覚を起こしたのだというような周囲の説明を不快げにはねつけた上で、小林の「お化けって、やっぱりあるのかな」という問いかけには、「あるのか、ないのか、なんて事、意味ないじゃないか。出ただけで沢山じゃないか」と答えたという話で、「つまり、出たら、君はいつから出ているんだ、と聞けばいい。あとはすべて空想的問題なのである。こういう人を本当のリアリストと言う」とまとめているのですが、僕はこういう人の話は信じられるのです（本節における引用は、「菊池寛」pp.283-285より）。

UFOや幽霊はなぜ否認されるのか

UFOの話なども同じです。この前アメリカ国防総省が正規の報告として上がってきている軍関係の目撃事例を初めて正式に公開して、一四四件の事例のうち、通常の説明で片付くのは一件だけで、後は「不明」であるとしたのですが、その多くはUFOと解釈するのが妥当なものでしょう。事例の大半が二〇二〇年と二〇二一年に発生したものだというのは、UFO出現が急増しているというより、それ以前には「ない」ことにされていて、軍内部でもうっかりそんなことを正直に報告すると自分の信用を台無しにして周囲から白眼視されてしまうという恐れの他、上官から「いいかね、君は何も見なかった。さっき起きたことは起きなかったことなのだと君は理解しておく必要がある」みたいなことを言われて箝口令《かんこうれい》が敷かれ、そのまま「なかったこと」にされて闇に葬られてしまう事例が多くあったからでしょう（スティーブン・M・グリア編著『ディスクロージャー』[9]などにはその種の証言が多く含まれている）。

「あるはずがないから、ないのだ」という論法で、古代魚のシーラカンスなんかも、六千五百万年前に絶滅したはずだったのに実は「いる」ということが証明されて、その後発見が相次ぎ、今では海底を悠然と泳ぐ姿まで撮影されているほどです。この場合は古生物学の一部を書き換えればいいだけで、世間の人を不安に陥れる心配もなかったのですんなり認められたのですが、幽霊や宇宙人の乗り物となるとそうは行かないのです。

こういう頑ななまでの拒絶反応はやはり、先のCODの定義にもあったように、それが「通常の知識の範囲を超えた」もので、そういうものを認めると影響は全体に及んで、自分の世界観が壊されるかもしれないという無意識の恐怖心を刺激するためでしょう。今は科学的唯物論が宗教に近いものになっているので、それにすっかり洗脳されてしまっているという事情もある。先の小林秀雄は別のところで、民族学者・柳田国男の学者の域を超えた神秘家的な豊かな感性について触れた後で、最近はお化けの話なんかすると、そもそもお化けなんてものは存在するのでしょうかと言ってみたり、にやりと笑って見せるなど、自分はそんな迷信深い人間ではないということを示したがる人がやたらと増えた。こういうのは「自分の懐中にあるものを、出して示すことも出来ないような、不自由な教育を受けて居る」結果だと柳田は書いていると紹介した後で、「懐中にあるものとは……（中略）……私達の天与の情《こころ》」のことなので、それを否定するような偏頗《へんぱ》な教育は不安を募らせ、人を狂わせるだけだと述べています（「信ずることと知ること」[10] p.201）。そこで槍玉に挙げられているのは戦後の唯物史観に基づく教育ですが、今の唯物的科学もそこは全く同じなのです。

小林はこの文章の最後を、「情操教育とは、教育法の一種ではない。人生の真相に添うて行なわなければ、凡《およ》そ教育というものはないという事を言っている言葉なのです」（p.201）で締めくくっていますが、今は「人生の真相」よりも一面的な「理論」が重視される時代で、後者に合わなければ前者はかんたんに否定される。元はと言えば、理論は真実を解明するための道具として案出されたものですが、そのうち本末転倒して、理論に合わせて事実が説明されるようになり、それで説明できないもの（こと）は存在しないことにされてしまった。これはそれ自体異常なことですが、そのおかしさを誰も疑わなくなってしまったのです。

しかし、「人生の真相に添うて行なわなければ」、この世におよそ進歩はない。科学や哲学も、文学芸術も、その努力なくしては新たな発見など何もなく、僕ら一般人もそれなくしては正気は保てなくなるのです。

信頼しうる一般人のＵＦＯ遭遇譚

この「人生の真相」に即して、僕がＵＦＯ関連で最も信頼が置けると考えているのは、軍の報告書の類より、むしろ民間人の信憑性の高い事例報告です。そこにはレーダーの証拠画像などはないが、特殊な思想傾向も、妄想癖も虚言癖も何もない、いたって正常と見られるかなりの数の人たちが終始一貫して同じ話をし、それがきわめて具体的で、互いの証言に大きな食い違いがほとんどない場合、その真実性を疑う理由はないと思われるからです。

そうした例は、たとえば、拙訳のジョン・E・マック『エイリアン・アブダクションの深層』[11]でも取り上げられている、南ア、ジンバブエで起きた、まっ昼間六十人もの子供たちがUFOの着陸と、そこから出てきた宇宙人を至近距離で目撃した、アリエル・スクール事件（一九九四年）や、Netflixの「未解決ミステリー」のシリーズ1の5番目、「バークシャーにUFO出現」というよくできたドキュメンタリーで取り上げられているアメリカ、マサチューセッツ州の事件（一九六九年）などです。この種の信憑性の高い事件は世界各地からかなりの数報告されているもので、通常、これだけ多数の、相互に矛盾の少ない、かつ具体的な目撃・体験証言があれば、ふつうなら誰もその真実性を疑うようなことはないでしょう。しつこく「否定し難い科学的・物理的証拠を見せろ！」と迫られることもない。どう見ても彼らが嘘をついたり、正気を失っているようには思えないからです。彼ら自身にとってもそれは全く予期せざることで、大きなショックを受けたのは明白なのですから。にもかかわらずそれが受け入れられ難く、ときに誹謗中傷まで浴びせられるのは、ひとえに出来事が特殊で、「そんなことはあり得ない」とする今の科学的マテリアリズム（物質主義）に支配された文明社会特有の激しい心理的抵抗に遭遇するからです。

認めても何も問題はない

しかし、幽霊やＵＦＯが存在したとして、それの一体何がそんなに不都合なのでしょう？幽霊は肉体を離れた、それをもたない霊（何らかの理由で成仏を妨げられたふつうの幽霊だけではなく、昔のギリシャ人がダイモンと呼んだ守護霊や、自然霊などもある）が存在するというだけの話だし、ＵＦＯは人類が「万物の霊長」などではなく、はるかに進んだテクノロジーをもつ知的生物が他に存在することを示唆するだけで、政治家や軍関係者が妄想するような、また一部のＳＦ映画が描くような「安全保障上の脅威」であるとは僕は考えません。自分たちがエゴイスティックで攻撃的な生物だからといって、彼らも同じだということには別にならないので、それこそまさに幼稚な心理的投影の産物です。その気になれば、彼らの高度なテクノロジーからして人類を滅ぼすことは赤子の手をひねるようなたやすいことでしょう。そういうことをする気配がまるでないことからして、彼らはヒトよりははるかにマシな生きものなのでしょう。核軍事施設周辺で目撃が多いということは、彼らは人類が「危険なおもちゃ」を弄《もてあそ》んでいることを懸念していて、何らかのかたちで警告が必要だと考えているからかもしれません（上記、ジョン・マックの本に出てくる遭遇体験者の大部分もそう思っているようで、エイリアンたちはまた、人類による地球の深刻な環境破壊も憂慮している由）。

現代の科学はまだ幼稚なレベルにとどまっていて、解明できたことはごく僅かなものでしかないのだから、それに合わないものは何もかも否定してかかるというのはそれ自体非科学的です。僕はいわゆる霊能者、サイキックも否定していないので、テレビ向けのものではない、本物の霊能者が存在することは知っています。ただ、彼らは別に神ではないので、多くの場合、その能力は限定されたものでしかなく、自覚に乏しい未熟な人格と合体した場合には、ご本人にはそれが災いとなり、周囲も不幸になることが少なくないのではないかと懸念されるので、そのあたりのことはよく注意すべきだと思うものの、一般にはないとされている超自然的な能力を発揮する人はたしかにいるのです。

そうした「通常の知識の範囲を超えた」現象を受け入れることには、むしろ大きなメリットがある。たとえば幽霊の存在は、ことによれば僕らも死後地上をさまようそれになりかねないので、それは葬式仏教にいくらお布施を払うかとは無関係だと思われますが、そうならないように怨念を残して死なないように心がけることが大事で、社会としても人を理不尽にそういう状態に追い込むようなことは厳に慎まねばならない、ということを意味しているからです。権力者が勝手なことばかりして、「自己責任論」をタテに社会的弱者をひどい目に遭わせるなんてことはその意味でも許されないのです。

昔の人は信じていた守護霊

守護霊にしても、古代ギリシャ・ローマでは生まれるとき一人ひとりにダイモンがゼウス神によって割り当てられると信じられていたのですが、今はそれは迷信だとされています。しかし、現代人はその種の知覚能力を失ったからそれがわからなくなったというだけの話かも知れず、僕ぐらいの年齢になれば、過去を振り返って不思議に思われることはいくつもあるので、自分の実力ではなく、守護霊の配慮によってそのとき会うべき人に会い、あるいはそのおかげで危険が回避されて、ここまで生きてこられたのだなと感じるのはごく自然なことなのです。また、それは安心感を提供してくれるという意味で、心理学的にも大きな意味をもつでしょう。

ソクラテスにはダイモンの声が聞こえたそうで、若い頃、プラトンの本でそれを読んで自分にはそんなものは聞こえないなと笑っていたら、ある晩、書きものに根を詰めすぎて気分転換に散歩しようとして、古い下宿の押戸を開けたら、空から「出るな!」という雷のような怒鳴り声が突然降ってきて、むろん、そこには誰もいなかったのでそれは人間の声ではなかったのですが、あわてて自分の部屋に戻ったことがありました。一体あれは何だったんだろうと今でも不思議なのですが、つむじ曲がりで有名な僕がそれに従ったのは、それ以外に選択肢はないと感じられたからで、読者の皆さんも、一度や二度はそんな経験をしたことがおありではありませんか? ふだんそれは背後に隠れているが、それしか方法がないときはそんな乱暴なやり方をすることもあるのです。以前、息子が小学生の頃、お母さんがあの運転で一度も大きな事故を起こしたことがないのは守護霊が何体も車を取り囲んでいるからだと言うと、彼はナットクの表情で微笑みました。要するに、僕らがふだん無事で済んでいるのも、自分の手柄ではなく、何者かのおかげでしかないかもしれないのです。

教育者としてのUFO・エイリアン

UFOやエイリアンの場合はどうか？　その存在を認めることのメリットは、人類の「万物の霊長」的思い上がりを粉砕してくれるというのが一つ、二番目は、前述のジョン・マックの本にその辺は詳述されていますが、人間の自己観念や世界観にそれが大打撃を与えて、僕がここにあれこれ書いてきたようなことに対する理解を容易にしてくれることです。この問題のおそらくもっとも重要な側面は、世間の耳目を集める表面的・物質的なことではなく、それが人間の心のありようや意識にもたらす深い影響の方です。それは自然との向き合い方を変え、生き方を変える。ひとくちに言えば、人はそれによってもっと謙虚になることを学ぶのです(マックは、アブダクティたちがそれをきっかけにシャーマニズムや古代的な世界理解に関心をもつようになることが多いのに注意を促している)。

意識を拡大する必要性

こう見てくると、こうした「通常の知識の範囲を超えた」現象は、人をいたずらに不安や混乱に陥れるどころか、かえって僕らの知的理解を広げ、心を豊かにしてくれる可能性をもつのであることが理解されるでしょう。それによって合理的な思考ができなくなるというようなことは全くない。僕自身、道理に合わない話は我慢できないたちで、ただ、自分の狭い料簡《りょうけん》で何もかも説明しようとし、手に負えないものは頭ごなし否定するという態度は、たんなる幼稚な思い上がりでしかないと考えるということです（よく親や学校の教師は子供に対してそういう態度を取るものですが）。たとえば、AとBという、直観的にはどちらも正しいと思えることがあって、それらは一見矛盾しているので、持ち合わせの理論では説明できなかったとしたとしましょう。その場合、僕はその理論の方に欠陥があると考え、それが矛盾なく説明できる理論を新たに見つけようとします。辛抱強くそうするはずで、既成の理論に合わせてそのどちらかを否認しようとはしない。

あるいは、事実の理解に欠陥がある場合もある。たとえば、あるおはじき状の物質があって、これはそれだけ置いておくと一つのままだが、もう一つ同じものを並べておくといつのまにか三つに増えているというような奇妙な現象が観察されたとします。そうすると、この場合は1＋1＝3だということになるのか？　通常そうは考えないはずで、この物質は潜在的には

1・5で、その0・5は同じ物を並べたときにだけ発現する特殊な性質をもっているのではないかと考えて、そのメカニズムを解明しようとするでしょう。そしてそれが判明すれば、1・5＋1・5＝3で、僕らの直観と算数の基礎を崩壊させる恐ろしい現象ではなかったということがわかるのです。

ここで述べてきた意識の理解についても同じです。西田幾多郎は「個人が先にあって意識があるのではなく、意識が先にあって個人があるのだ」と述べました（第四章）。これは常識の反対ですが、そのとき一緒に書いたように、盤珪も実質的に同じことを言っている。彼らの理解が正しく、普遍的根源的な意識がまず先にあって、第一章で見たように、僕らの通常の二元的な意識は二次的、三次的なもので、宇宙的見地からすれば解離性同一性障害の人たちのそれと変わらない断片的なものでしかないとすれば、その限定された意識を絶対視するのはかなり愚かな話だということになるでしょう。だからこそ世界理解も一面的なものでしかなくなって、それに適合しないものはやっきになって否定しなければ気が済まないことになるのです。文明が袋小路に入り込んでしまったのも、元の原因はそこにある。

どちらが本当にリアルなのか

その深い意識の見地からすれば、常識とは反対に、大方の人が実在だと信じ込んでいる自我の方が観念的な虚構でしかないということになって、逆にその見地からすれば、各種の霊やUFOのような存在物は、僕らの目に見えるこの日常世界程度の実在性は十分もっているということになり、真偽判断は逆転しうるのです。人々が無意識に恐れているのは、実はそのことではないのか？　それらを娯楽の対象、日常の閉塞感からのつかのまの脱出口と見ているだけならまだいいが、その意味を深く考えたりなどすると、それまで絶対視していた自分の自我世界の虚構性を認めざるを得なくなる可能性があるのです（前述のマックの本に出てくる体験者たちの話を読むなら、それも言い過ぎではないことがわかる）。

いわゆる超能力にしても、仏教では「六神通《ろくじんずう》」というものがあるとされており、これなども明白に「通常の知識の範囲を超えた」現象です。しかし、それは「ある」とされている。中には誇張や空想も混じっているのではないかと僕は思いますが、すぐれたお坊さんが人の深い心を読み取ったり、誰それが突然訪ねてくるからその人の食事も用意しておけと言ったり、危機に陥った信者の前に霊体で出現したりといったことは割とよく聞く話で、僕は抜隊《ばっすい》というお坊さんが好きなのですが、彼には降魔《ごうま》、魔物じみた霊を降参させる能力があったとされている。盤珪なども、問われて「自分にはそんなものはない、皆と同じだ」ときっぱり否定していたにもかかわらず、その種のエピソードには事欠かなかったので、中には旅の途次、大きな口を開けて近づいてきたオオカミの口の中に手を突っ込んで、喉に刺さっていた小骨を取ってやり、感謝したオオカミは盤珪がそのあたりを通るときはいつも護衛していた、というような心温まる話まであるので、彼は豺狼《さいろう》と呼ばれて当時恐れられていたオオカミの心の中まで読み取ったのです。こうした「超能力」は意識の深化・拡大の副産物として生じたと解しても別に大きな不都合はないでしょう。

合理主義との両立

キリスト教のイエスの場合には、悪霊を追い払ったり、触れただけで病人を癒したりといった「超能力」を度々発揮した。福音書はその種の話に満ちていて、だから原始キリスト教の再興を試みた中世の異端カタリ派（手前味噌ながら、ガーダム『偉大なる異端』[12]をご参照いただければ幸せ）は、病気治しを活動の重要な一部として重視した。パルフェと呼ばれた聖職者たちは全員医学的な心得をもっていたほどです。当時の人たちは科学を知らず、極度に迷信的だったためにそのような言い伝えが残って、それが福音書にも記されただけだと現代の合理主義者は解するのでしょうが、少数とはいえ、今でも通常医学では説明できない病気治療の例や、奇蹟的治癒の事例はあるので、「神の子」（それは根源的意識との直接的つながりをもった人と解することもできる）ならそんなことも可能だったかもしれないのです。だからといって、病気治しの超能力があると自称する現代のカルト教組の話が本物だという保証はないので、僕は具合が悪いときはそういう人たちのところではなく、ふつうの病院に行く方が多いだろうと思いますが、今の医学も一面的な偏頗《へんぱ》なものでしかないのは重々承知しているので、場合によっては代替療法を試したり、あれこれしてみるかもしれません（自伝『二つの世界を生きて』[13]に述べられていますが、ガーダムは心臓発作で危篤に陥ったとき、彼の危機を察知した並外れた女性ヒーラーの遠隔治療によって奇蹟的に回復した）。いずれにせよ、僕はそれらを相互排斥的な関係にあるとは見ない。あれかこれかの問題ではないのです。川の向こう岸に渡るのに、空中浮遊やワープなどの超能力が不可欠だというわけではない。渡し舟か橋があれば、それを利用して渡ればよいので、今はことにテクノロジーが発達して、昔ならできなかったことの多くが可能になっているので、そういうのは賢く利用しつつ、しかし、超常現象に対しては柔軟な心と広い見方をもてばよいということです。

オカルト現象を認めても、別に不都合な問題は発生しない。僕は現代人の心がやせ細って彩りを失い、たえず不安にさいなまれ、一面的・機械的な屁理屈を際限もなくこね回して利口ぶる以外に能がなくなったのは、狭い物質科学の尺度によって多くの人間的に重要なものが否定、抑圧の憂き目にあっていることと大いに関係があると思っています。それで虚ろな心を抱えたまま、幽霊でもＵＦＯでも、自分たちの素直な心を虐待している当の科学の専制の方に与して、体験談を語る人たちを嘲《あざけ》るのです。それは自分がいじめに遭うことを恐れて、いじめっ子に追従し、たえずそのご機嫌をとって、一緒にいじめ行為に加担する子供たちの心理とよく似ています。自分の胸に手を当ててよく考えるなら、その不毛な心のメカニズムは理解されるようになるのではありませんか？　それでは小林秀雄の言う「私達の天与の情《こころ》」を拒絶して不正直になり、心の安定を失うことにしかならない。

真に科学的な態度というのは未知に心を開いたもので、そういうものではないはずです。謎があるなら、まずそれを認めて、その解明に向かえばいい。謎があるのに耐えられないからそれは否定して「ない」ことにしてしまう（先の菊池寛の事例の、ネクタイで首が締まったから無意識に幽霊と錯覚したというような強引すぎるこじつけの説明も同じです）というのは、むしろ知性の退廃現象に近いとさえ言えるでしょう。

第七章　人生の意味

次々出る「世界の終わり」予言

昔、『ノストラダムスの大予言』[14]（新書版で、著者は五島勉氏）という本がベストセラーになっていた頃、僕もそれは古本屋の百円均一コーナーにたくさん出ていたので買ってみたことがありますが、予備校の浪人生が、授業の後、教卓のところに来て、「先生、僕らこんなことしていて、何か意味があるんですか？　人類はもうじき絶滅するんですよ」と真顔で言ったという話を、ある予備校の先生が書いていていました。

その本によれば、一九九九年の七月か八月に「恐怖の大王（核爆弾か何かと解釈されていたようですが）が舞い降りて」人類が絶滅するということになっていて、仮にそれが本当なら、青春を犠牲にして必死に英単語や歴史の年号を暗記したりするのはナンセンスだということになるわけで、その浪人生の言い分は尤《もっと》もだということになるでしょう。近いところでは、二〇一二年に滅亡するという説もあって、僕も塾の生徒に「あれをどう思うか」と聞かれたことがあって、「あれはたぶん、古代マヤ文明が、次の周期の計算を始める前に滅んでしまったからで、それだけの話だから心配しなくていいと思うよ」と答えたのですが、後でこの問題は大学入試問題（慶大理工学部）作成のヒントにもなったらしく、『ナショナルジオグラフィック』のマヤ文明崩壊の経緯についての英文記事が題材に使われ、それは期せずして僕と同じ見立てを示すものでした。

こういう「人類絶滅」説は古代ユダヤ教の昔から繰り返し何度も出現したもので、中世末期にも何年何月何日に大洪水で滅亡すると、細かい日時まで指定して喧伝され、熱心なキリスト教の牧師の中には「悔い改め」を説いて回った者もいた、という話を昔何かで読みました。あいにくなことにその日その一帯は稀に見る快晴で、大洪水の影もなかった由。しかし、興味深いのは、ちょうどその頃、コペルニクスが自分の居城で『天体の回転について』という地動説を主張する論文の執筆に没頭していたそうで、教会お墨付きの天動説はそれによって崩壊させられ、その世界観の崩壊と共に、中世世界は終焉を迎える運命だった、ということです。

すでに世界は崩壊前夜にある

もうじきまたそういう何とかの予言というのが新たに〝発見〟され、滅亡ブームが起きるかもしれませんが、今はそうした「予言」の類を待つまでもなく、かなりの高確率で遠くない将来そうなりそうだという見通しが気象学者たちによって立てられています。安定した気候推移が妨げられ、異常気象の頻発で、洪水と旱魃《かんばつ》という極端な事象が同時発生するという予測はすでに現実となっていますが、前にも書いたように、密林とサンゴ礁の消滅が並行して進行し、史上六番目の生物大量絶滅はさらに深刻化し、生態系が崩壊すると共に、地球温暖化（地域によっては逆の寒冷化をひき起こす要因ともなる）も一層加速化して、海面上昇で沿岸の都市部の多くは水没するという有難くない予測も現実のものとなる可能性が高い。今はコロナウイルスで世界中が右往左往させられていますが、新たなウイルスが次々文明社会を襲うというようなことにもなりかねず、こうしたことがあれこれ重なると、募る貧窮と大混乱の中で人類は第三次世界大戦に突入し、溜め込んだ核兵器の使用についに踏み切ってしまうということもありそうな話です。核ミサイルは使わなくても、今は世界のあちこちに原発がたくさん建設されていることから、通常爆弾搭載のミサイルをそこに打ち込むだけで、核爆弾以上の惨禍を起こすこともできるわけで、昔の戦争の観念では想像もできなかったような大規模な大量死がもたらされる可能性があるのです。その場合、生き残った人々も、多くは放射能汚染による後遺症に苦しまねばならなくなるでしょう。

これは「今そこにある危機」で、全然空想的な話ではありません。「人類絶滅」は絵空事ではなくなっているのです。それを思うと、冒頭のノストラダムスの予言を信じた浪人生と同じで、もうどうしようもないのだから、後何十年かは残されているだろうから、黒船でパニックに陥った幕末の民衆の「ええじゃないか踊り」（天から神符が降ってくる、つまりそれで救われると、募る恐怖と閉塞感の中で信じようとした）ではないが、日常的な営みは放棄して、それまでできるだけ享楽的に生きた方がマシなのではないか、という考えに傾くかもしれません。ある種の「赤信号、みんなで渡ればこわくない」心理です。

あらためて問う「生きる意味」

とにかくそういうかなり切迫した時代に、僕らは今生きているわけです。そういう時代に、生きる意味とは何か？　実のところ、僕も十代二十代の頃、かなり真面目にこの問題については考えました。基本的に、生きる意味というのは感じられるものであって、頭で考えてわかるというものではなく、そういうことが無性に気になるというのは、意味感がすでに失われているからなのですが、当時は考えてそれで結論を出そうとした。それはむろん、将来これこれの職業に就いて、それで安定した生活を確保して、というような性質のものではなくて、ぜんたいそういうことに何の意味があるのか、という疑問だったので、これは今はやりの「動機づけ教育」などではどうにもならない性質のもので、そういう若者にとってはその種のお節介は「違う！」と言ってはねつけたくなるような苛立たしいものでしかないでしょう。彼らが求めているものは、もっと深い意味での「生きる意味」なのです。

ここで僕が考えようとしているのも、そういう種類の「生きる意味」です。僕自身はすでに老い先短い身で、今さら「生きる意味」がどうのという年齢ではなくなっているのですが、若い頃、一番切実なそういう問題で誰も相談相手がいなかったということがあるので、一緒に考えることぐらいはできそうに思えるのです。すでに述べたように、生きる意味というのは論理では把捉できないもので、それはあくまでその人自身によって、その内側から感じ取られるしかないものなので、他人が説得じみたことをするのはほとんど無意味だと思われますが、それは意識のありよう、注意の向け方によっても変わるので、その意味では何か書けることはあるのではないかと思うのです。

意識との関係

これまで書いてきたように、僕らの通常の意識（自我意識）は、宇宙的見地からすれば、解離性同一性障害の人たちの分裂した人格意識の一つと同じようなもので、その断片化した意識れるのです。

いわゆる「自己肯定感」をめぐる議論にしても、「自我肯定感」の意味でそれが使われていることは珍しいことではありません。成功体験が重要視されるのは他との比較で優秀と評価され、自我の承認欲求が満たされることが大いに関係しているだろうと考えられるからです。しかし、その場合もそう単純ではなさそうで、大して努力も能力もいらないようなことで「成功」しても、人は喜ばないものです。小さな子供ですらそうです。ということは、その成功体験は失敗の危険を冒して得られたもので、何かに挑戦するということは、失敗によって自我の砦を崩壊させられてしまう危険もあるので、そういうリスクが取れる人というのは、ご本人にそれが自覚されているかどうかはともかく、自分のもっと深い部分に信を置いているからだとも解釈できるのです。これに対して、そうしたチャレンジに応じられない人は、元々の自然な自己肯定感に乏しいから自我に執着して、それを守ることばかりに腐心し、その結果、試練を回避して、自我的な自尊心、虚栄心だけは人並以上に強いが、中身が伴わないのでいつまでたっても自信がもてず、妬みそねみの強いいじけた人にしかなれないという結果になるのです（今の日本の若者にかなり一般的なものとして観察される社会的な挑戦への臆病さ、他者信頼の弱さ

について も、僕には何かしらこれが関係しているように感じられます)。

だからこの種の議論はそうかんたんではないのですが、心理学的な「自己肯定感」というのは、「あるがままの自分を受容できること」で、その「あるがまま」というのは、自我意識によって捉えられたそれではなく、その一面的な価値尺度(それは世間的な比較相対的価値観のコピーでしかない)から自由にならないと受け入れられない性質の「あるがまま」です。それは通常の個我意識を離れたところにでないと成立しないもので、だからそれは他者肯定感にも、自然や他の生きものに対する高い共感能力にもつながっているのです。そういうものが本当の自己肯定感で、己だけ高しとするような自己肯定感なるものは存在しない。そういうのはたんなる「のぼせ」であり、意識の病的な状態を示すにすぎないのです。

マズローの心理学理論

この点、興味深いのは、「健康人の心理学」を目指したアメリカの心理学者、エイブラハム・マズローの欲求理論です。自己実現という言葉をはやらせたのは彼だと思いますが、彼はその前段階として社会による承認欲求を置き、自己実現の後の最終段階として、メタ意識に向かう超越欲求というものを置いたのです。その「メタ意識」というのは自己を離れた意識のことで、ここで述べてきた普遍的意識、宇宙意識と同一のものであろうと僕は解釈します。言い換えるなら、それが自己実現、自己肯定の究極のかたちだということです。その場合、もはや自他の沙汰はなくなっているのだから、その「自己」は通常観念されているものとは全く性質の違うものだということになってしまいますが。

マズローは、自分が図式化した各段階を、必ずしも忠実にそれをなぞって進むものだとは考えていなかったので、この超越欲求は元々人に備わったもので、途中の段階を飛ばしてそのレベルに達する人もいる（宗教家などの場合）と考えていたようです。実際にそこに到達するかどうかは別として、スピリチュアリズムや宗教、哲学などに強い関心を抱く人はその欲求がとくに強い人たちだと言えるでしょう。前に見た盤珪禅師のように、彼らのレゾン・デートル（存在理由）はそこに到達することにこそあるのです。

おそらく、これをお読みになっているのは大部分がその種の人たちでしょう。世俗的成功に完全に無関心ではないとしても、そういうことだけでは満足できず、たとえ順調にキャリアを積み上げたとしても、それだけではどうにも収まりのつかないものが心の中にあるのを感じるのです。そういう人たちはむしろ、成功の真っただ中で空虚感に襲われる。それがこの種の人たちの特徴です。

積極的な自己否定

そうすると、答はすでに出てしまったことになります。第四章で西田幾多郎の哲学に触れましたが、そこにこう書きました。

察するに、哲学者・西田幾多郎にとって、この「純粋意識（経験）」を明確に自覚し、その自覚に基づいて、それぞれの能力と持ち場に合わせ、この宇宙現象に積極的に参画することこそが、人にとっての「至上善」だったのです（『善の研究』という主著のタイトルもそういう意味で付けられた）。それ自体認識の過誤の産物である、近視眼的な自己観念に縛られて、意識の自由と万物との交流能力、真の意味での愛を失って、あらぬ方向に迷い出してしまうことではなくて……。

そこまで行かないと、おそらくこの種の人たちは満足できない。そしてそうなるためには自己観念の廃棄、と言って悪ければ、自己観念の根本的更新が必要になるのです。そしてそれは、西田哲学の用語を借りれば、主客未分離の「純粋経験」に立ち戻り、そこにある豊かさを身をもって体験することによって可能になる。意味感や、その人の行動の規矩《きく》も、全部そこから出てくるのです。

これは観念的な「悟りごっこ」に身をやつすこととは全然違った問題です。オウム真理教のようなカルトにはまった高学歴の若者たちは、そこをはき違えていたのではないかと僕には思われるので、「身体的な修行」に励んだから観念的でなくなるなんてことはないのです。禅の修行などでも、それは観念から脱け出ることを保証してくれるものではない。ウンザリさせられるような俗世間でのシビアな体験の方がそれには効果的なぐらいです。あるいは、マックの本に出てくる体験者たちのように、エイリアンに遭遇して途方に暮れる方が、安易な逃げ道を塞がれてしまうので、ずっと人を進歩させてくれるかもしれない。

エピクテトス的覚悟

冒頭書いた、今の人類が置かれている危機的状況との関係ではどうか？　このまま人類が自滅へと突っ走れば、それは自業自得というもので、地球の他の生物に対しては相済まないことですが、僕ら人間の運命としては、これこそ「自己責任」です。しかし、できる努力は最後までするというのが、そういう自覚をもった人たちのしようとすることでしょう。その際、自分の身がどうなるかはさほど心配しない。心配すべきなのは、今の日本の政治家たちがやっているような、思考停止状態でアテにならない希望的観測に頼ろうとしたり、幕末民衆のように根拠のない神の救いを期待したりすることで、そういうのはたんなる意気地のなさと見なされるでしょう。

僕は古代ローマ・ストア派の哲人、エピクテトスが（その政治的な消極性にもかかわらず）好きなのですが、彼は首を切るなら勝手に切りなさい、殺すのならお好きにどうぞ、といった肚の据わった人で、それはいかなる外圧や暴力によっても侵し得ないゼウスの与え給うた内面の自由とそれに基づく意志こそが、中国共産党お得意の言葉をあえて借りるなら、人にとっての「核心的利益」と見なされたからです。肉体とそれに付随するものや、権力・財産の類は、一時の借り物にすぎないので、思い煩うに値しないと彼は考えた。貧乏きわまりなかったソクラテスや、ホームレスの哲学者ディオゲネスは、その精神の気高さゆえにしばしば賞讃されるのです。彼自身、奴隷の出身で、足に障碍をもっていましたが、そんなことを気にしていた様子は全くない。彼が信じているものは神と自由意志だけだったのです。彼は権力の奴隷のような政治家や、地位や財産が大事でならない人たちを、つまらないもののために一番大事なものを売り払ってしまったものとして憐れんでいた。彼によれば、人は無知ゆえにそういう状態に落ち込むので、哲学とは真の知を体得して、それに従って生きることだったのです。

条件づけの問題

おそらく一番困難なのは、僕らは文明によって十重《とえ》二十重《はたえ》の「条件づけ」を受けているので、それを外していくという作業でしょう。その最たるものはこれまでも見てきた「個我観念」、自己というものの実体視ですが、それによってないものをあると思い込まされる反面、「不自由な教育」（前章で見た柳田国男の言葉）のおかげで自分が見たものも見たと言えず、感じたことを感じたとも言えないことが多くなりすぎているのです。かつて宗教は多くの迷信をまき散らし、非合理な権威によって人々に多くの抑圧を強いたという理由で支配的地位の座を追われ、今度は合理主義を掲げる科学がその座に就いたのですが、それもまた別種の抑圧を生み出した。それはマテリアリズムの専制と呼べるもので、心や魂というものも、脳の電気化学的反応の産物にすぎないとされ、また、物質的に存在を証明できないものは否定されて然るべきだという一面的な合理主義の跳梁《ちょうりょう》を招いたのです（それが正しいという証拠は、実は何もない）。極端から別の極端に走るのは人間のつねとはいえ、それはあまりに行き過ぎている。僕らはそれによって、自然との深い内的なつながりや、霊的なものとのつながりといった、心の安定と意味感にとって重要なものを奪い去られてしまったのです。

根本に戻る

ここであらためて、西田哲学の純粋経験（純粋意識）や、盤珪の「不生の仏心」、禅の公案にいう「父母未生《ぶもみしょう》以前本来の面目」を考えてみましょう。これらは全部同じものを指していると僕は思いますが、全体的なもの、絶対的なものは通常の論証の対象にはなり得ないので、直知、意識それ自体が自らを知るというかたちでしか認識できません。皮肉なことに、最も重要なものは科学的、数学的に証明することはできないのです。これは、その外に立つことはできないというまさにその性質に理由があります。

しかし、だからその直観それ自体が虚偽だということには少しもならないので、それは通常の思い込みとは全く違った明澄な自覚と確信をその人にもたらすでしょう。深い意味感や本当の安心というものは、それによって根底的な意識に立ち戻ることによってしか生まれない。逆説的ですが、各種の「超常現象」と呼ばれるものも、自我を座とする狭隘《きょうあい》な意識、硬直化した分別的知性の観点からは理解できなくても、そこからすれば受容して正しく評価することが可能になって、そこに豊かな奥行きのある世界が広がっていることが理解できるようになるのではないかと僕は考えます。繰り返しますが、僕らの通常の意識とは解離性同一性障害の人たちの分裂した人格のそれのようなものでしかなく、第一章で述べたように、それは脳の働きを規制する機能をもっているので、そういうものの認識そのものが妨げられるのです。現代文明による条件づけは、脳の多様な働きを規制、停止する方向に働いて、昔の人たちには認識できた多くの豊かなものの認識を妨げている可能性が高い。自分たちは進歩したから迷信から解放されたと自惚《うぬぼ》れるのは早すぎるのではないかということです。

内部の危機と外部の危機は連動している

冒頭、外部環境の危機について長々と述べましたが、それよりもっと深刻なのは、現代人の狭隘化した意識によって窒息させられかかっている僕らの心で、外部環境の悪化は、それと別に生じたものではありません。その精神的な飢餓感、焦燥感が、物質的な強欲と、ある主独特の鈍感さを生み出して、その病識がなかったので、自然や人間社会内部の両方の荒廃を生み出したのです。その原因の方に目を向けず、結果に対してだけ対症療法的な対応法を考えても、それでは問題の解決にはならない。

生きる意味感——その欠落を補償するための世俗的成功ではなくて——を求めて得られなくなっているのも、それは外部環境の良し悪し以前に、無意識の条件づけによって僕らの意識が狭隘化し、深い心の促しが感じ取れなくなっているからで、おかしな妨害物を排除しさえすれば、探し求めなくてもそれは自然に回復されるのではないか、ということです。幼児の頃、僕らはハッピーだった。たまに大泣きしても、ちょっと昼寝でもすれば前のことはすっかり忘れて、あり余る元気と幸福感が蘇ったのです。それは根源的なものとの直接的つながりを保っていたからで、大人になってかくも陰鬱で不自由になったのは僕らが知識と経験を多く蓄えたからでは別にないので、かんじんなものから切り離されてしまったからです。その大本の原因がどこにあるかは、もはや説明するまでもないでしょう。

第八章　本当の「和」とは何か？

聖徳太子の考えた「和」

わが国は以和為貴、「和を以《もっ》て貴《たっと》しと為す」国柄だと言われています。これは有名な聖徳太子、十七条憲法の冒頭に置かれた言葉で、ついでにこの憲法の全文を読んでみると、「これはかなり凄いな」と感心させられるのですが、後世の偽作または改作だという説もあるようです。

僕は若い頃、この言葉を嫌っていました。今の日本社会にある「和」とは、たんなる馴れ合いにすぎないと思われたからです。対立は対立としてしっかり表に出して、もっとガンガン忌憚《きたん》のない意見をぶつけ合うべきで、それを通じてコンセンサスを形成していくというのならわかるが、そうではないから何事もナアナアの、こんな腐った水たまりみたいな澱《よど》んだ社会になってしまうのだと感じられたからです。

しかし、元のこちらをよく読んでみると、そういうこともちゃんと書かれている。同じ第一条の後半は、「上和下睦、諧於論事、則事理自通。何事不成」となっていて、これは「上和《かみやわら》ぎ下睦《しもむつ》びて、事を論《あげつら》うに諧《かな》うときは、すなわち事理おのずから通ず。何事か成らざらん」と読むのだそうで、「上に立つ者は穏やかに、国民も信頼感をもって、問題を共に議論してゆくことができれば、おのずと道理にかなう結論へと導かれて、何事も成し遂げられないことはないだろう」となっているからです。民主主義の最良の教えというべきで、「馴れ合いの勧め」などでは全然ない。

これは官僚（大臣含む）や下々の役人用の戒め集みたいなものだったようですが、第十五条などは「私を背《そむ》きて公に向《おもむ》くは、是れ臣が道なり」なんて、今の政治家や官僚たちにその爪の垢でも煎じて飲ませたくなるようなことも書かれているのです。「私心を捨て去って、公益のために一心に努めることこそ、公僕たるものの務めである」の意味で、自分の家族や縁者、お友達、スポンサーの利便をはかって、為政者自らが社会的公正を害するなどもっての他で、今どきの総理大臣などはこれを何と心得るのかという感じで、そういうことばかりしているから政治は民の信頼を失って、上下の和親も失われるのだと、厳しく諭しているのです。最後の十七条などは、「夫《そ》れ事は独り断《さだ》むべからず。必ず衆《もろもろ》とともに宜《よろ》しく論《あげつら》ふべし」となっていて、「アホなくせに勝手に決めるな！　重要なことは必ず皆で議論を尽くすべきだ」と、やや意訳をまじえましたが、強く戒めているのです（他にもよき民主政治の心得として参考になりそうなことがいくつもありますが、長くなりすぎるのでこの程度にします。ウィキペディアの「十七条憲法」に詳しく出ているので、そちらをご参照ください）。

「バベルの塔」と化した社会状況

残念ながら、今の日本社会はそれとはほど遠い。いい意味での「和」が深刻に害されていることに関しては、もう今から十年近くも前（厳密には民主党政権下の二〇一二年五月）ですが、僕は自分のブログに「『バベルの塔』新釈」という一文を書いたことがあります。少し長いが、一部を修正した上でその後半をここに引用させてもらうと、

この話は一般に人間の hubris（慢心）を戒めたものだとされます。技術といっても今から見れば素朴なものですが、レンガや鉄、コンクリートに類したものを作る技術を得て、それで街を建設するだけでなく、天にまで届くような高い塔を立てようという野心を抱いたのが、神（エホバまたはヤーヴェ）の逆鱗《げきりん》に触れ、「おまえら、調子に乗りすぎ！」だということになったのです。

神は「これは言葉が一つなのが問題なので、互いに言葉が通じなくなれば、彼らは仲間

割れを起して世界中に散らばってしまって、塔も建てられなくなるだろう。彼らにそれをやめさせるには言葉が違うようにするしかない」と考えたわけですが、当時は神も科学知識が不十分だったと見え、もう少し頭のいい神なら、「そんなもの、物理学の法則からしても、地震のことを考えても、途中で崩れるにきまってるから、ほうっておいてその崩壊を見物することにしよう。いずれ彼らも思い知るだろうから」と考えるだろうと思いますが、こういう話はその種のツッコミを入れているとそこで終わりになってしまうので、ここは素直にその話を受け入れることにしましょう。

最近僕がこの話を思い出したのは、「どうも、今の日本の社会状態というのはバベルの塔の状況そのものだな」と感じることが多くなったからです。日本人は日本語という共通の言語を使っているのに、話が全く通じ合わなくなっているのはなぜなのか？　そう考えたときに、昔読んだこの話が意識に浮かび上がってきたのです。

それで考えてみると、この話にはもっと深い意味が隠されているのではないか、という気がしてきた。one language とか one speech というのは、心が一つになっている、あるいは相互に深いコミュニケーションが成立していることの象徴で、たんに「言語が共通」だという表面的なことを指すものではないのではないか？　同じ言語を使っている場合でも、人々の内面のありようによってはとても同じ言葉を共有しているとは感じられないほどになってしまうこともあるでしょう。そのことを言っているのではないかと思ったのです。神話の類が面白いのは、文字どおりの意味ではなく、何か（事態・現象）を象徴的に語ったものとして読めることです。

敬虔なキリスト教信者の人たちには叱られるかも知れませんが、ここは別に神が介入してくる必要はないので、昔の人たちは人間の精神状態がある危機にさしかかったとき生じる無意識の変調を説明するのに外部の超自然的な行為者（神なり悪魔なり）を措定して、その「しわざ」にすることが多かったようなので、これもその一例なのかも知れないと思うのです。

それで、僕が想像した「事態」というのは、こういうことです。技術も知識も進歩して、巨大な文明機構をつくり上げ、それに伴って物欲や競争心が煽《あお》られるようになると、虚栄心や名誉欲も当然強くなり、いつのまにか人はジコチューな性質をどんどん強めてしまって、排他的・自閉的になる。そうした中では個人が唯我独尊的になって孤立を深めるだけでなく、組織も独善的で閉鎖的になるのです。つまり、個人単位でも組織単位でもバラバラになって、社会内部の風通しというものが異常に悪くなる。とても同じ言葉を使っているとは思えないほど、相互の意思疎通が困難になってしまうのです。

バベルの塔とは今の時代に置き換えると、さしずめ「経済成長」です。それがうまくいっている間は、社会内部に生じている亀裂や対立はまだ表面化しない。しかし、経済成長というバベルの塔は今や倒壊したも同然になっている。そうすると、それまで隠れていたものが一気に表面化して、てんでに勝手な言葉を吐き散らし合うだけの混乱状態（バベル）に陥るのです。

これは、急にそうなったわけではない。実は「経済成長」という見た目には華やかなバベルの塔建設の過程で、そういう変化は深く静かに進行していたのです。それは物欲だけではなく、人間をスポイルして幼稚な自惚《うぬぼ》れや自己愛を強化する方向に働いたので、精神的な変質はすでに起きていた。しかし、何とかその建設がうまくいっている間は、それぞれが相応の見返りを得られたので、不和は深刻なかたちでは表面化しなかった。

しかし、バベルの塔は事実上、すでに崩壊した。それは町の中央に聳《そび》えていたものだから、その倒壊の煽りで、人家も多くが崩落する。塔を天に届かせるどころではなく、まず人々の住む家を何とか確保するしかない事態にたちいたって、人々はそれに不可欠な、無私の協力をする能力がなくなっているのに気づいたのです。「共通の言語」がもはや自分たちにはなくなっているということに……。それを奪い去ったのは、バベルの塔の建設という、あの作業それ自体だったのです。

それで、今はどういうことになっているか？　崩れたとはいえ、ある程度の高さのやぐらはまだ残っています。下からそれを見上げると、レンガのかけらを大事そうにもった人たちが「これはオレのものだ！」と口々に叫んでいるのが見える。それを死守しなければならないと思い込んでいるから、彼らはまだそこで頑張っているのです。別のところでは、空中を指差して、「あそこはうちの占有物だ！」と叫んでいる人たちもいる。ビルやマンションの居住者には建物がなくなったあとも「空中権」というものがまだある、という話を、学生時代民法の講義で聞いて笑った記憶があるのですが、同じ主張をしている人たちがいるのです。新しい塔が建った暁には、空中のそのスペースは自分たちが占有・所有する権利をもっているので、それを忘れるな、と一生懸命呼ばわっているのです。今はそれどころの話ではないのに、あちこちにそんな人がたくさんいる。

話を戻します。だから、バベルの塔を建てようとするのを見て、神が「これはまずい」と焦って人々の言語をバラバラにしたのではない、その企てそれ自体が、共通の言語（通じ合う心）を破壊する結果をもたらしたのです。塔の建設は人々の物欲や野心だけでなく、利己的な性質や虚栄心を強め、孤立と自己疎外を招いて、「共通の言語」を失わせたのです。

従って、人々が「散らされる be scattered」というのも、互いの心のつながりをなくした人々の内面的な状況を表わすものと解釈すれば、なるほどなと思えてくるのです。地理的な空間ではなく、精神的な散りぢりの孤立状態を指すのかも知れないと（そもそも地理的に拡大するだけなら、それはむしろ「繁栄のあかし」と見られて不思議ではありません）。

人々はむろん、バベルの塔の建設は彼らの一致団結にもつながるだろうと考えていたわけです。塔をシンボルとする、一種の愛国心教育みたいなものです。しかし、それに伴って生じた驕《おご》りと利己心は、結果として人々の間の自然な和合を失わせ、逆に不和と対立を強化することになってしまったのです。

以上、かなりこじつけめくのは承知で僕はそのような解釈をしてみたのですが、今の日本社会の状況を説明するものとしては、これはさほど見当外れな説ではないでしょう。だとすれば、今の日本社会が直面している困難は経済的な苦境そのものよりも、そうした精神状況の方だということになります。これは周囲の事情おかまいなしに自分たちの既得権益を主張して変革を妨げている人たちだけのことではない、何を論じるにしても、問題を解決したり、真実を究明することより、つまらない自分の立場やメンツ、自惚れを守ることの方が大事だという本末転倒に陥りやすい人が増えすぎている、ということです。

問題山積の中、今は各方面で「船頭多くして船山に上《のぼ》る」状態になっていますが、それも問題が複雑だからというだけでなく、そういう個人内部のよけいなものを持ち込む人が多いからなおさら話がややこしくなっているという事情があるように見えるのです。ならば、自分の真の動機がどこにあるのか、そしてその背後にはどんなせせこましく醜悪な自己が隠れているのか、自分でその幼稚さに直面して胸が悪くなるということがあれば、無用なものは落ちて、事態は大幅に改善され、話が通じ合う余地も大いに出てくるでしょう。

これが僕の理解する現代日本版「バベルの塔」状況なのですが、仮に事態がこのとおりなら、なぜ今の人間にはあり余る知識・情報はあっても知恵がなく、問題解決能力に乏しいのか、それも理解できるので、対処のすべもそこから見えてくるのではないでしょうか。要するに、無駄なものを捨てればいいのです。よけいなものを持ち込まず、あくまで問題本位、社会本位で考える。それをせずに、関係者個人のメンツだのプライドだの、組織のしきたりだのといったどうでもいいものを大量に持ち込み、そうしたことにばかり〝配慮〟しているから、かんじんなことが先に進まないのです。見ているだけでストレスがたまるこうした社会状況は精神衛生上好ましくないし、子供たちの教育上もすこぶる有害です。

当時、共感してくれる人が多かったらしく、これはアクセスの多い記事の一つになったのですが、今もこうした事情は変わっていないだけでなく、むしろ一段と悪化しているという印象を受けます（自民党政府はいまだに過去の経済成長の亡霊を追い求め、それで問題が解決すると思い込んでいるようです）。この記事では常識の線に沿って事態を説明しようとしたのですが、その背後にあるのはここに繰り返し書いてきたような意識の狭隘化《きょうあい》化（病的な利己性、自己愛もその一部）がもたらす弊害です。

オープンな議論の重要性

僕がここで問題視したのは、たんなる「意見の相違」ではありません。冒頭の十七条憲法では周到に、「人皆党《たむら》有り、また達《さと》れる者は少なし」として、「人間は党派を作って群れたがるもので、本当に知恵のあるものは少ない」（第一条）ことが指摘され、「かれ是《ぜ》とすれば、われ非《ひ》とす。われ是とすれば、かれ非とす。われ必ずしも聖にあらず（＝相手が正しくて自分が間違っていることもあれば、自分が正しくて相手が間違っている場合もある。自分がつねに正しいとはかぎらない）」（第十条）とも言っていて、だから見解を異にする者同士の熟議の上、物事の可否は決められるようにしなければならない、としているのですが、人間社会が続くかぎり、意見の相違はつねにあるもので、また、それがないと社会にダイナミズムは生まれず、進歩もないことになってしまうでしょう。仮に人々がここで述べてきたような意識の深い自覚に達しても、不確定要素の多い社会問題などではとくに、何事にも意見が一致するなんてことにはならず、もしもそうなったら、それはかえって薄気味の悪いことでしょう。オープンに様々な議論をぶつけ合うことを通じてよりよい社会的コンセンサスが形成されるのです。

タコツボ集団の弊害

問題は、そうした対話や意見交換が困難になってしまった社会の精神状況です。政治家や言論人は右と左に分かれ、またその中でもいくつものセクトに分かれているようですが、全般に今の人々は似たような考えをもつ人としか付き合わず、その中で自分の信念というよりは思い込みを強化し合って、その結果はと言えば、対立するセクト同士、相手を感情的に非難し合うだけで、そこには建設的な議論や話し合いなどというものはほとんど成立していないのです(これこそ十七条憲法が最も懸念した事態です)。だから、権力をもつ人間は、その狭いサークル内で自己完結し、外部からどんな批判があろうと、それは無視して勝手な決定をする。そのサークル内では、相互批判というものもほとんど行われないので、その異常性に気づかないのでしょう。完全なタコツボ集団と化しているので、それが無数に乱立するような社会に、日本はなってしまったのです。

今の日本では引きこもりの人が百万人を超えているそうで、これは驚くべき数字ですが、よく考えるなら、何のことはない、社会に出ている人も同じか、もっとひどい自閉的メンタリティをもっている場合があるので、そちらの方がより深刻な問題です。僕は菅《すが》政権時にこれを書いているのですが、彼など自閉的メンタリティの最たるもので、それがたまたま総理大臣の地位に就いてしまったものだから、目も当てられないことになったのでしょう。

原因はオレ、ワタシにある

こういう「意見を異にする人（あるいは集団）同士の間では対話が成立しない」という状況は、昔からあるにはありましたが、ここまでひどくなることはなかった。それは「意見と人格を区別できない」幼稚さの産物と言えますが、その幼稚さも、自我執着の異様な強さと、自分を崩されることへの強い恐怖心理から生まれるもので、そうした意識の状態が日常的なものになってしまっているからでしょう。それが上の記事に書いたような「バベルの塔」的社会状況を生み出しているわけです。

だから、諸悪の根源は狭い自意識と、自我固着、病的な自己愛そのものにあると言えるので、僕がここで繰り返し「自己観念の虚偽性」について述べてきたのも、自我意識を絶対視する人は必然的にそういう状態に落ち込んでしまうからです。最近は「共感」という言葉がはやりですが、そういう人の「共感」というのは自我レベルの浅いものでしかなく、だから互いの独善的な思い込みを強化し合う閉鎖的な集団をつくるだけに終わって、社会的不和はかえって拡大してしまうのです。

それについては第四、五章で詳しく述べましたが、そうなるのは「自我は絶望的に不安なもの」だからです。それは異質なもの、自分とは違うものの見方、考え方、感性を許容できない。そういうものが存在するということ自体、彼らの目には脅威と映るのです。いくらか知的で教養のある人ならそれは容認せざるを得ないと考えるでしょうが、それも渋々そうしているだけで、そこに学ぶべきものがあるなどとはほとんど考えないので、対話は成立しにくくなるのです。真の意味での和を不可能にするもの――それはこの自我固着だと言ってよいでしょう。

教育の問題

僕は長く塾の教師をやってきましたが、「言っても無駄だから」という言葉を生徒たち（ここ二十年ほどは高校生だけですが）から聞くのはしょっちゅうで、その相手はたいてい学校の教師か親（今は前者が多い）なのです。多くの場合、その子たちは勝手なことや未熟なことを言っているのではない。なるほどと思えることが多いので、たまにおかしなことを言うなと思ったときは、僕はそれは率直に言いますが、彼らは納得すればすぐに考えを改めるので、下手なオトナよりずっと柔軟でコミュニケーションはとりやすいのですが、彼らの中心的な訴えは教師や親と考えが異なるということではなく、「対話が成立しない」というまさにそのことなのです。教育という仕事で最も重要なのは、受容能力、人の話を聞く能力です。ところがそれが一番乏しいのが学校教師であると、残念ながら僕は結論せざるを得ない（例外はむろんありますが）。大学を出てそのまま「先生」と呼ばれる身分になってしまう彼らは、ふつうの社会人のようにあちこち頭をぶつけた経験に乏しいからそうなりやすいのか、学校という妙に硬直した全体主義的なシステムが災いしているからなのか、たぶんその両方だろうと思いますが、「学校の常識は社会の非常識」と呼ばれるようなことが多々あって、どこやらの首相の国会答弁みたいに、おかしな規則や方針に疑問をぶつけても、答にも何にもならない意味不明の能書きを一方的に聞かされ、それで打ち切りにされてしまうだけなので、生徒の方はウンザリして何も言わなくなってしまうのです。

僕はこうした日本的学校のありようが日本人の「諦めメンタリティ」拡大に寄与している部分はかなり大きいのではないかと思っていますが、家庭における「受容」についても、その性質は変化してきているように思います。一部の「毒親」と呼ばれる人たちは除き、今は子供を「ほめて育てる」のが主流になっていて、これは非難叱責ばかりするより明らかにいいことですが、だからといって親の受容能力が高まっているとは、必ずしも言えないように思われるのです。関係がかなり表面的になっていて、皮肉な見方をすれば、その交流は〝自我レベル〟に終始しているようにも見える。たまに見かける、叱るべきところでもわが子を叱れないという親のありようは、後でその子の社会適応上大きな問題をひき起こすことがありますが、自分の愛情に自信がもてないから、わが子の自我レベルの自己愛に過度に配慮してしまうということになっているのではないかと思われるので、これは親自身が自我レベル以上の自己理解をもてなくなっているせいなのかもしれません。もっと深い部分で子供を受け入れるということができないから、子供の自我感情を傷つけることを過度に恐れるようになるのです。

人の何を尊重しているのか

自慢にはならないことですが、僕は親にほめられた記憶がほとんどありません。生真面目な一族に突然変異で生まれたブラック・シープの扱いで、親戚や田舎の知り合いから「おまえについては悪口以外、おまえの親父から聞いたことは一度もなかった」とよく笑われるのですが、味方は孫を溺愛《できあい》していた祖母ぐらいのもので、学生時代、たまに帰省するとここぞとばかり、両親揃って言いたい放題言うので、あんた方はそれで子供が傷つくとは思わないのか、たまにはほめることも考えたらどうかと言ったところ、上等なこと言うな、極道で勝手なことばかり仕出かし、ろくすっぽ学校にも行かない落第坊主のおまえの一体どこにほめたくなるようなところがあるのか、わかるように説明してみろと母親に逆襲されて閉口したことがあったほどですが、そういうことと子供に対する愛情は別だということはこちらにもわかっていたので、それは大した問題ではなかったのです。子供には子供の側の内的事情というものがあって、それは説明しても親を苦しめるだけでわからないだろうから黙っていたのですが、よく我慢してくれたなと思うほどです。心のつながりというものはもっと深いところにあって、それは信じられたので、その程度のことで親子関係が壊れることはなかったということです。

昔は、わが子が何か事件を起こすと、詳細を聞かないうちから悪いのはうちのクソガキに違いないと決め込んで、謝罪モードに入っている親なども結構いたもので、後でそうではなかったとわかっても、「おまえの日頃の行いが悪いからだ!」と叱りつけられるのです。年配の人には「そう、そう」とこれを見て笑う人がかなりいるでしょうが、こういう場合、親はその方が世間的に得策だと思ってそうしているというより、実際に未熟で行き過ぎたところの多い子供だと思っていて、だから矯正しなければならないと容赦なくわが子を叱責するのです。しかし、自分の子供なので、それも含めて丸ごと受け入れるしかないと思っており、子供の方もそれは感覚的にわかっているから、自分が拒絶されているとは感じなかった。これはロジャーズ派のカウンセラーなどがよく言う「無条件の受容」に近い。表向き「愛の言葉」が語られることはほとんどないとしても、です。

今はそのあたり反対になっていて、モンスター・ペアレントと呼ばれる親たちは、明白にわが子に問題があっても、頑としてその非を認めようとせず、他を非難する。こういうのは立派な病気で、それが親の愛情だと勘違いしているのです。会社で新入社員を軽く(上司の感覚では)叱ったら、翌日ファックスかメールで、しかもその新入社員の母親から退社届が送られてきたなんて話もよく耳にしますが、上司はそれとは知らず、神聖侵スベカラザルその若者の自我に傷を与え、ゆえにそれは取り返しのつかないことになってしまったのです。唯我独尊上司の度の過ぎたパワハラなどはこれの逆ヴァージョンで、この場合は上司が病的な自我インフレ状態にあって、相手の気持ちなど全くわからなくなっているのです。

こういうのはいくらか極端な例としても、今は「自己愛性パーソナリティ障害」という病気まであって、これも排他的な自我愛しか知らない人間がかかる病気ですが、個我レベルの意識しかもち得ない人間がどんどん増えていって、腫れ物に触るような人間関係しかもてないことが多くなって、そのレベルでは、付和雷同《ふわらいどう》的な賛同か、頭からの敵対か、どちらかしかないようなことになってしまうのです。そこには「和」などというものはあり得ない。相互の相違を前提とした建設的議論など、期待すべくもないのです。

真の和は自我レベルでは成立しないことの認識

昔のアニメ、『トムとジェリー』のテーマソングの歌詞ではないが、「仲良くケンカする」ということができなくなっているのです。憎悪をみなぎらせて敵対することしかできないというのでは、民主主義は成立しない。私憤と公憤の区別も（これは非常に重要なものですが）もとよりつかない。どこまで意識が狭くなれば気が済むんだという気もしますが、ここに長々述べてきたように、自我意識そのものが意識の理解の仕方として根本的に間違っているのだということが理解されれば、人はそれに自己同一化することがなくなり、自我感情がそれだけで消えてしまうとは僕は思いませんが、少なくともそこから一定以上の自由を得るでしょう。そうすれば見解の相違を超えたレベルで「和」を実現することもそれだけたやすくなり、言葉の真の意味での「公の観念」の共有も可能になるのです。

聖徳太子その人は熱心な仏教信者で、難解なその方面の著作まであるほどで、先の十七条憲法の第二条でも「篤く三宝［仏法僧］を敬へ」として、世俗的な価値観を超えたところに意識の準拠枠をもつべきことを推奨しているのですが、人それぞれに何かそのようなものをもつことは不可欠なことだと思われるのです。最初の章で僕らの通常の意識は解離性同一性障害のそれに類したものではないかと述べましたが、それに自己同一化して無意識にそれを絶対視している人には、世俗超越的な視点がなく、その「不都合な真実」も見えないのです。

《第二部》——ブログ「祝子川《ほうりがわ》通信」より

一、生命の悠久の旅

生命の起源

おととい日曜の、とても六月半ばとは思えない猛烈な蒸し暑さには参りました。僕は寒いのは苦手ですが、暑さは割と平気なので、自室は「生涯クーラーなし」を貫こうと思っているものの、地球温暖化で「クーラーか、死か」という選択をそのうち迫られそうです。

以上は無関係な前置きで、地球上の生命の起源について、東北大の研究者が新説を発表したそうです。『河北新報』オンライン版の記事（2020/06/15)。

・生命の起源は隕石衝突にあり？　東北大院、アミノ酸生成の仕組み解明

地方新聞の記事などは短期間で消えてしまうことがあるので、念のため全文をコピペさせてもらうと、

生命誕生前の太古の地球で、隕石（いんせき）や小惑星の海洋への衝突がきっかけとなり、生命の材料分子となるアミノ酸が生成されたことが東北大大学院理学研究科の古川善博准教授（地球化学）らのグループの研究で明らかになった。生命の起源解明の手掛かりになる可能性がある。八日、英科学誌に発表した。

隕石に含まれる鉄などの鉱物と、当時の大気中の主成分だった二酸化炭素や窒素が反応してアミノ酸が生じる仕組みを、模擬実験で解明した。古川准教授は「地球に普遍的に存在した大気成分から、生命を構成する分子が生成された可能性がある」と話している。

研究グループは実験で、鉄などの鉱物と水、二酸化炭素や窒素を入れた金属容器に、秒速約一キロで金属を衝突させて化学反応を調べた。グリシン、アラニンの二種類のアミノ酸の生成を確認できたという。

約四十六億年前に誕生した地球には無機物しかなかったと考えられており、生命の起源につながるアミノ酸など有機物の生成過程は詳しく分かっていなかった。宇宙空間から飛来した隕石などに、有機物が含まれていたとの学説もある。

古川准教授らのグループは同じ研究論文で、約四十億年前の火星の状態にも言及。地球

と同様に二酸化炭素や窒素を含む大気で覆われ、海も存在し、隕石が衝突した時期もあったと考えられるため、「アミノ酸が生成していた可能性を示している」と指摘した。

この記事には生命の誕生がいつだったかは書かれていませんが、一般には、「地球が誕生したのが約四十六億年前、生命の誕生は約三十八億年前」とされています。その生命の素材となるものがアミノ酸なので、その生成のきっかけが「隕石や小惑星の海洋への衝突」だったのではないかという仮説です。

火星に生命が生まれていた可能性の指摘も興味深い。そこで先に生命が誕生、進化し、荒唐無稽と科学者たちには笑われそうですが、高度な進化を遂げた「火星人」が住めなくなる前にそこを脱出していて、今地球を訪れているエイリアンにはその子孫も含まれているかもしれないと想像してみると面白いでしょう。

宇宙人による種まき説

この生命誕生のミステリーについては、他に「パンスペルミア説」というのがあります。これにも様々な説があるのですが、一般的なのは、隕石とか彗星に「生命の胚芽」となるものが付着するとか、中に含まれるとかしていて、それが地球に飛来して生命進化が始まった、というものです。ウィキペディアでその項目を見ると、中には次のような説まであるという。

一九八一年にはフランシス・クリックとレスリー・オーゲルが、高度に進化した宇宙生物が生命の種子を地球に送り込んだとする仮説を提唱した。「地球が誕生する以前の知的生命体が、意図的に『種まき』をした」とする説は「意図的パンスペルミア」と呼ばれている。これは、一般的なセンスではまるでサイエンス・フィクションのようにも聞こえる説ではあるが、クリックはこの説の生物学的な根拠を提示した。現在の地球上の生物でモリブデンが必須微量元素と重要な役割を果たしているが、クロムとニッケルは重要な役割を果たしていない。しかし、地球の組成はクロムとニッケルが多く、モリブデンはわずかしか存在しない。これは、モリブデンが豊富な星で生命が誕生した名残だと考えることができるとしたのである。もうひとつの論拠として、地球上の生物の遺伝暗号がおどろくほどに共通したしくみになっているのは、そもそも「たったひとつの種」がまかれて、その種から地球上の全ての生物に変化していったと考えられるとした。

こういうのは「状況証拠」だけで犯人を特定しようとする警察みたいな感じで、論拠としてはちょっと弱いかな、という感じですが、可能性としてはあり得ないことではない。何にしても、それから三十八億年もかけて生命はここまで進化したのです。その途中には何度も生物の大部分が死滅する危機が訪れた。一番新しいのは六千六百万年前のそれで、最近ではその原因は小惑星の衝突と、連鎖反応的に起きた一連の出来事によるということで大方の意見の一致を見ているようですが、恐竜たちはそれで絶滅し、そのとき地球上に存在していた生物の約七十五％が姿を消したとされているのです。

ポスト人類の生物はゴキブリか

あのまま「恐竜の天下」が続いていたら、現在の人類はあり得なかったわけで、その頃恐竜たちにおびえながら暮らしていたネズミみたいな哺乳類（原猿類）が人類の先祖だと言われていますが、恐竜がいなくなったおかげで、彼らは勢力を拡大し、多様な進化を遂げることができるようになったのです。ここにも何度も書いているように、今はそれ以来の生物大量絶滅の時代です。今回のは人為的な要素が強いから、僕らはそれに対して全面的な責任があるのですが、このままそれが進んで人類も絶滅したとすれば、ポスト人類はどんな生物になるのでしょう？　ゴキブリあたりは丈夫で、三億年も前からいると言われているので、彼らは今回も生き延びそうです。それで、人類絶滅後に特殊な進化を遂げて、ゴキブリ型知的生物が誕生することになる可能性も十分ある。彼らは何百万年後には高度な文明を発達させ、今の人類が恐竜を懐かしがるのと同じで「ヒト博物館」なんかを作って、「あんまり賢くなくて、自業自得で絶滅したけど、昔はこういう変わった生物が地球を支配している時代もあったのだ」とその新型ゴキブリのオトナは子供たちに教えるのです。子供たちの間では、「ヘンだけどカッコいい!」ということでヒトが大人気になるかも知れない。人間の子供に恐竜ファンが多いのと同じです。

そんな、ゴキブリ型知的生物なんて、あるはずがないでしょうと笑う(女性の場合は強い嫌悪感を示す)人が多いでしょうが、それは想像力の貧困というものです。僕は今回エイリアン関係の本(『エイリアン・アブダクションの深層』)を訳すにあたって、その方面の情報もあらためていくらか仕込んだのですが、エイリアンには、あのおなじみの目の大きなグレイや金髪のヒューマノイドだけでなく、爬虫類型とか、ゴキブリやカマキリみたいな昆虫型もいるらしいのです。それらは「知的生物」であるわけでしょう? はるか昔、文明以前の人類の前に、水陸両性の半魚人みたいな宇宙人が現れて、それが天文学や各種の技術・知識を教えた、なんて伝説をもつ民族までいる。「知的」と言えば哺乳類にかぎると決め込んで、イルカは知能が高いから、ポスト人類はイルカになるだろうなんてのは単純すぎるのです。大体、人類が絶滅する頃には、海も深刻に汚染されていて、デリケートなイルカたちの方が先に死滅してしまっている可能性の方が高い。その点、ゴキブリあたりだと……と僕は想像するのです。ゴキブリの美人とかイケメンとかはどういう基準になるのかわかりませんが、彼らの世界ではたぶんそういうのもちゃんとあるのです。それでゴキブリ型知的生物版『愛の不時着』が何百万年後には製作されて大人気を博すかもしれない。彼らの場合、パラグライダーなんか使わなくても飛べるので、別の凝った設定がまた必要になってくると思いますが……。

超古代文明はあり得たのか

話を少し戻して、いわゆる「真核生物」が出現したのが十五億年前、多細胞生物の誕生が十～九億年前だったと言われています。哺乳類は二億二千万年前、霊長類は一億～七千万年ほど前。定義にもよりますが、ヒトに近い動物は六百～五百万年前に出現した。それから猿人、原人、旧人類（ネアンデルタール人はこれに分類される）と続いて、直接の祖先と言える新人類、ホモ・サピエンスが誕生したのが二十五～二十万年前とされています。学校の教科書などに出てくる世界最古のシュメール文明とか、エーゲ文明が生まれたのが紀元前三千年頃、今から五千年ほど前とされていて、こう見てくると、ものすごい時間がかかっているわけです。

この最後の「文明発祥」については、その後の文明発達のスピードからして、それ以前に「何もなかった」とする期間が長すぎてむしろ不自然なので、プラトンの対話篇にも出てくるアトランティス伝説のようなものがあるし、実はそれ以前に人類は高度な文明に達したことが何度かあって、それが何らかの理由で破局的な崩壊を迎え、またゼロから始めるなんてことをやっていたのではないかとする説もあります。いわゆる「超古代文明」が実はあったのではないかという見方です。

それはあっても不思議ではない（アトランティスの場合、あれは大きな島国家で、海中深く沈んだから証拠も見つけられないのだとされる）と僕も思うので、エジプトのピラミッドなんかにしても、大型トラックも重機も何もない時代に、人海戦術だけで、あんなもの作れるはずがない。子供の頃、隣が庄屋だった母方の先祖の屋敷があったところで、そこの入口の石段横の石垣の角石に大きな石が使われていて、そこに使われている石は全部、かなりの距離がある下の河原から運んだもので、昔の人には怪力が多かったから、その大きな石も一人で持ち上げたのだという話でした。山男の大人たちが集まって、こんな頑丈な石垣、組み上げるだけでも大変で、今ならとうてい作れないなという話をしているのを小学生のとき聞いたことがあるのですが、ピラミッドの石となると、そんなものの比ではないわけです。オカルト学説には、重力を操作して巨大な石を浮き上がらせる今は失われた特殊な高度技術があったのだという説がありますが、そうとでも解釈しないと、説明ができない。しかし、仮にそうだったとして、その高度技術はどこから来たのか？　プラトンのアトランティスの話も元はエジプトの神官が語ったものとして紹介されているので、先行する高度文明からそれは伝えられたものだったかもしれないわけです。

退化が生み出す病的自己愛人間

こういうことをあれこれ想像するのは楽しい。ゴキブリに取って代わられるなんてのは少しも楽しくないと叱られるかもしれませんが、僕は「人類至上主義者」ではなく、そういう誤った思い込みが今見るような深刻な自然破壊をもたらして、人類存続の危機も招いたと考えているので、そんなことにはこだわらないのです。人類絶滅も悲劇ではない。最近は人の言うことなど何も聞かず、仲良くしようと思えばおだてるしか手がない「超」がつくほどジコチューの「自己愛人間」が激増しているようです。そういう人のふるまいは（ご本人にはまるでその自覚がないが）申し分なく身勝手で、「認知の歪み」というものも甚だしいので、対話などというものは成立せず、まともな感覚をもつ人たちがそれに悩まされてうつ状態になるなんてことが多くなっていますが、こういうのは「人類至上主義」からさらに「自分至上主義」へと退化してしまっているわけで、三十八億年もの歳月をかけて出来上がったのがそういうグロテスクきわまりない生物だったというのは、自然に対してまことに相済まないことです。そういう人ばかりになれば、他者や自然との自然な心の通じ合いなんてものはこの世界から跡形もなくなってしまうでしょう。そうなると「人類絶滅」も理にかなっていると思わないではいられないのです。

僕ら個人の人生は、悠久の進化の歴史からすれば、〇・〇〇〇〇〇〇〇〇〇〇〇…一秒ぐらいのものにすぎません。別のところに、僕はこういうことを書いたことがあります。

正しい自己理解

意識が遍在するように、生命（力）も遍在する。それがあなたや僕という有機体に浸透して、それに生命力を付与しているのです。肉体という生物機械が完全に壊れると、生命はそれを離れる。離れるだけで、それはなくなりはしないのです。

主導権は自然もしくは宇宙の側にあって、人の側にはない。あなたが生命を所有しているのではなくて、生命の方があなたを一時的に所有しているのです。なのに、あなたが「生きる主体」だと言えるのか？　あなたは生命現象、自然現象の一部で、生きているのは生命であり、自然なのです。今生きているあなたはその個別・具体的な表現の一つに過ぎない。

ここで言う「生命」とは、生物学でいう「生命」、アミノ酸を基盤とするそれのことではないので、それを素材として生命現象を生み出す見えざる〝ある力〟のことです（前に述べた根源的意識、普遍的意識も、この〝力〟に属する）。それが本質的な存在で、本気になって「自分とは何か?」をずっと辿って行けば、通常の自己は否定されて、そこに行き着くはずだ、というのが僕の立論です。通常の意識や知性もその〝ある力〟に由来するので、それは個人の所有物ではない。教育や社会のおかしな条件づけのせいでそこをカン違いしてしまうから、何もかもが狂ってしまうのだというのが僕の基本的な考えです。

絶滅か存続かを分けるもの

「日の下に新しきものなし」で、これは別に新奇な考えでも何でもないのですが、古代の人たちが洞察し、感じ取っていたそれを、現代人はすっかり忘れてしまった。これが個性の否定や全体主義につながるとすれば、それは完全な誤解によるので、そのあたりも心配だから、そこではそうではないということをその後かなり詳しく説明しておいたのですが、ジコチューな人というのは例外なく浅薄で、機械的な反応パターンに落ち込んでいるので、かえって本来の豊かな個性を失ってしまうのです。当然、言葉の真の意味での自由なんてものももたない。そして自分も含めた、すべてのものを破壊するモンスターになってしまうのです。

まだ間に合うかどうかは知りませんが、ここらへんでいい加減そのことに気づいて、いわゆる「意識のシフト」を起こさないと、種としてのヒトの存続自体が困難なものになってしまうでしょう。滅びた「超古代文明」が本当にあったのかどうかは知りませんが、今はグローバル文明の時代で、事実上単一の文明が地球全体を覆っています。だからローカルだったかつての文明の滅亡と違って、それは全的なものになってしまうわけです。

少なくとも知能の観点からすれば、今の時点では、ヒトが地球上で最も進化した生物であることはたしかでしょう。三十八億年にわたって続いてきた生物進化の「汗と涙の結晶」として、今僕らはここにいるのです。しかし、それがやっていることは何なのか？　今、大量繁殖してアフリカやインドの農地を襲っているサバクトビバッタは、問題そのものは大昔からあったようですが、これも温暖化の影響で起きやすくなっているそうで、非常に深刻な問題として世界的なニュースになっています。あれは数が少ないときは「孤独相」と呼ばれ、おとなしく〝節度〟を弁《わきま》えていて、行動半径も狭いが、異常繁殖すると「群生相」というのに変わって〝凶暴化〟し、筋肉が増え、体色も茶色っぽい緑から悪魔じみたどぎつい黄色と黒に変わって、大集団を形成し、一日に百キロ以上も移動して、そこらじゅうの作物を食いつくしてしまうのだと言われています（ちなみに、悪霊がテーマのオカルト映画『エクソシスト』は有名ですが、あれの続編『エクソシスト2』はこれをモチーフの一つに使っていて、地味だからあまり受けなかったようですが、面白い発想です）。

これ、今の人類と似ていませんか？　バイオマス（生物量）として巨大化したヒトという種は、どこかで性格的に狂ってきて、節度も配慮もヘチマもない凶悪な存在と化したのです。自然を徹底的に痛めつけた後は、利己性丸出しで同種族（仲間の人間）まで平気で食い物にするようになった。してみれば、僕ら人間にはバッタ並の知能しかないということになる。「万物の霊長」と自惚《うぬぼ》れるのはおこがましい。

ダイモンの声を聴け

不安は悪いもののように言われていますが、それは間違いなので、神経症的なそれは別として、不安になるべきときに不安を感じないのはたんなる病気です。古代ギリシャの哲人ソクラテスには「ダイモン（悪魔ではなくて神霊の意味）の声」が聞こえたと言われていますが、それは彼に積極的に何かをしろと言うことは決してなかった。それはつねに「禁止」のかたちで彼に示されたのです。その真意を探ろうと、彼は一昼夜街路に突っ立ったままということも珍しくなかった。ときにはもっと長いこともあったようですが、周りの人はそれを知っていたので、ほうっておいた。これは、現代風に言えば、健康な不安の働きと言えるので、心の深い声が彼を立ち止まらせ、「何がいけないのか?」考えるよう仕向けたのです。

最近は新型コロナのせいで、通常の活動ができず、僕らも立ち止まらざるを得なかったのですが、それがきっかけで自分の生き方を見直すようになったと言う人は結構いるようで、それは明らかにプラスの効用です。三十八億年の生物進化の歴史がなければ、僕らは今ここにいなかった。そこにいかなる意味があるのかとあらためて思いを致すのも無駄ではないかもしれません。絶滅してゴキブリ型知的生物に取って代わられる前に、地球生物進化のトップランナーとして、僕らヒトにはもっと他に考えるべきこと、為すべきことがあるのではないでしょうか？

（二〇二〇年六月一六日）

二、お盆にプラトンの『パイドン』を読む
――霊魂不滅論について

お盆の意味

僕は山の上の方にあるアパートに住んでいるので、旧市街に出るのに一番近いルートを自転車で行く場合、U字状にいったん少し下って、山のてっぺんまでのぼり、そこから坂を一気に下ることになるのですが、下にお寺がある関係で、途中の坂の片側がお墓になっています。先日そこを通ると、色とりどりの献花で華やかになっていました。お盆が近いからでしょう。車が何台か停まって、お墓参りやお墓の手入れをする人たちの姿も見えた。

今年はコロナ禍で帰省客が各地で激減しているようですが、帰省したときお墓参りをしない

人は今でも稀でしょう。そういう行事は僕の親の代ぐらいで大方終わりかなという気もするのですが、お盆が来ると仏さんを迎え、最終日に送る習慣もまだ残っている。お盆になると、都会に出ていった子供たちが里帰りするだけでなく、霊たちもあの世から戻ってくるのです。そこで一族の死者と生者が一堂に会する。思えば、これは不思議な観念です。僕が子供の頃は、しかし、それは一定のリアリティをもっていた。とくに信心深いお年寄りたちにはそれはたんなる行事ではなく、リアルなものだったのです。お盆に殺生は忌むべきこととされたのも、そこに「聖なる空間」が成立することと関係したのでしょう。僕が子供の頃は地域の盆踊りなども盛大に行われましたが、それは宗教的な祝祭の雰囲気をまだたしかにもっていた。生きている者だけでなく、戻ってきた死者の霊たちもまた、それを楽しんでいたのです。

遍在する生まれ変わり思想

洋の東西を問わず、霊魂不滅や生まれ変わりの思想が普遍的と言っていいほど広く見られるのは不思議なことです。それはほとんどすべての民族に共通すると言ってよい（伝統的なアフリカ文化にもそれが明確なかたちで存在することを、僕は今度の訳書（『エイリアン・アブダクションの深層』）に出てくる南アのシャーマン、クレド・ムトワの話を通じて知りました）。キリスト教神学はこれを否定し、仏教も、輪廻は認めつつ、無我思想というかたちでそれを実体視することは否定しましたが、上に見た習俗からもわかるように、民間のそれは仏教以後も消えなかった。中国でも日本でも、それは祖霊信仰を取り込むかたちで発展したのです。西洋でも、ピュタゴラスのそれが一番有名ですが、魂は生まれ変わりを通じて純化、成長するという思想はプラトンに受け継がれた。キリスト教でも、ローマ・カトリックはそれを否定したが、原始キリスト教の時代にはそれは否定されていなかったと見られるし、その復興を意図した中世の異端カタリ派はそれを主要な教義の柱の一つとしていたのです。

古典は退屈？

先日僕は実に四十年ぶりぐらいにプラトンの『パイドン』[15]を読み返しました（今もっている文庫は出たとき買っただけのもので、最初は全集の一冊で読んだ）。本屋に行って文庫の棚で新しい訳本が出ているのを見かけて、細かい訳の異同などにはとくに興味がなかったので、それを買うことはしなかったのですが、「魂の不死について」というサブタイトルが付けられているこの有名な対話篇のことを思い出して、読み返してみる気になったのです。

古典というのは概して退屈なものです。それは多忙な現代人（何のために多忙になっているのかはかなり疑問ですが）には冗長すぎると見える描写が続いたり、現代の視点から見るとあまり説得的とは言えないような論理展開がところどころ見られたりするからです。中にはドストエフスキーの小説や、ゲーテの『ファウスト』みたいにそういう冗漫さを全く感じさせないものもありますが、ゲーテなども他はかなり退屈なのです。こういうのは年齢的なものもあります。たとえば僕は二十代初め、デカルトの『方法序説』[16]や『省察』[17]（それぞれ野田又夫、三木清訳で読んだ）に熱中して、感嘆久しかったのですが、今はもうその世界に入っていくことができません。そういう本はたくさんあって、記憶があやふやになってきたので、それを補っておこうと、昔読んだ本を再読しようとしても、かつての情熱はすでになく、どうにもその中に入っていけない自分に気づくことが少なくありません。だから忘却あるのみで、こういうのが進んだその先に認知症が待ち構えているのかなという気がしないでもないのですが、ぶ厚い本を読み通す気力なども薄れてきた気がするのです。

プラトンの対話篇なども、こう言うと専門の先生たちには叱られるかもしれませんが、概してかなり退屈なものです。そこで行われている「論証」なるものも、冗長すぎたり、あまり説得的ではない場合があるように思われるのです。古典で、権威あるものとされていて、有名な大学の先生なんかが訳すからほどほどには売れても、新刊で無名人が同じような内容のものを出せば、どの程度売れるかは疑問です。

プラトンの死生観

あらためて読むと、この『パイドン』にも退屈な部分が多い。しかし、これはやっぱり昔のギリシャ人でプラトンだな、と思うところはあちこちにあって、その全く現代風でないところが面白い。たとえば、次のような箇所です。

人間にとって生きることよりは死ぬことの方がより善《よ》いということだけが、他のすべてのこととは違って、例外なしに無条件的であり、他のものごとの場合のように、ある時ある人には、という条件がけっして付かない……（岩田靖夫訳　岩波書店　1998年　p.23）

誰の言葉だったか忘れましたが、「存在しないことは存在することに優る」という言葉を、僕はあらためて思い出したのですが、それも古代ギリシャかローマの誰かの言葉で、こういうのは現代人の感覚とは全く違って、むしろ正反対なのです。しかし、ソクラテスとその周辺の知的な人々にとって、「生きることより死ぬことの方がより善い」というのは議論の余地のない真実とされていたのだとわかるのです。

その上で、「自殺はなぜよくないか」ということが語られる。人の運命はこの世界を宰領する神々（この場合はゼウスを主神とするギリシャの神々）の意思によるので、人は神々の所有物のようなものであるから、神々の意図に反して勝手に自殺したりするのは許されないことだ、という説明になるのです。

しかし、死が生より望ましいというのはなぜなのか？ それは「第一に、この世を支配する神々とは別の賢くて善い神々のもとにこれから行くだろうということ、第二に、この世の人々よりはより優れた死んだ人々のもとにも行くだろうということ」（同書 p.26）が、理由として挙げられるのです。

霊魂は不滅か

『パイドン』は「霊魂不滅の論証」を主眼としているので、こういうのは前置きにすぎませんが、「死は恐ろしいもので、生の方がいいに決まっている」と思う現代人は、このあたりの感性の違いに驚かされるでしょう。また、この世界が「神々」が支配しているところとは思えないし、死んだらそれより善い神々が歓待してくれる、とはなおさら思えない。「より優れた死んだ人々」がそこにいるというのも疑わしい話で、死ねば人間はそれっきりだと、唯物論科学の影響で、多くの人々はそう考えるように慣らされているのです。

近代以降の科学は物質現象を扱うものなので、物質ではない魂や霊はその研究対象には入らない。だから「科学では魂や霊が存在するのかしないのかはわからないし、肉体の死後存続するものがあるのかないのかもわからない」というのが真に科学的な考えと言うべきですが、科学者の多くはたぶんそれが「非科学的」だという自覚はないのでしょうが、「心は脳の電気的・化学的反応の産物にすぎず、当然それは肉体に依存しているのだから、肉体の死後残るものなど何もない」という断定に傾きがちです。つまり、魂だの霊だのは、「脳内幻想」の一つにすぎない、というわけです。昔は科学がなかったから、それが実在すると思い込んでいたにすぎないのだと。

しかし、かなり詳細な前世記憶をもつ人がいる（とくに子供に多い）のはなぜなのか？　調べてみるとそれに詳細な点まで合致する人物の記録が残っていて、その子供がその情報を事前に知り得た可能性はかぎりなくゼロに近い、というケースがいくつもあって、その前世人格は有名人でも何でもなかったし、そんなことを言って子供が得をするということも全くありそうもなかったりするのです。「ボクが前に大きかったとき……」なんて幼児が突然話し出したりすると、親は気が狂ったのではないかと心配するのがふつうです。こういう場合、一番合理的な説明は、魂でも霊でも、その呼称はどうあれ、記憶を担うある実体があって、それは肉体の死後も消滅せず、いったんあの世、プラトンの用語では「ハデス（冥府・冥界）」に行った後、再び戻って別の肉体の中に入るというものですが、大方の人は「そんな馬鹿な話があるはずはない」と薄笑いを浮かべて言うのです。

これは、大方の人にはその種の記憶は何もないからで、昔はこの世に戻ってくるとき「忘れ川」の水を飲んでくるから思い出せないのだ、と説明されましたが、おそらく脳の中にはそういうものが出てこないようにする抑止機能が備わっているのでしょう（どうして脳にそういう機能があるのかについては、『リターン・トゥ・ライフ』の訳者あとがきで、ベルクソンを援用しながらかんたんに説明しました）。修行や瞑想でそのストッパーが外れることもあって、そうするとこの能力を獲得する。仏教にはいわゆる「宿命通《しゅくみょうつう》」と呼ばれるものがあって、『大辞林』（第二版）には「自他の過去の出来事や生活をすべて知ることのできる超人的能力」とありますが、この「過去の出来事や生活」というのは生まれて以後のことではなく、前世や中間生のそれを指すのです。前世記憶をもつ子供の場合には、それが通常の自然死ではなかったことが多く、死亡時のインパクトが強烈だった場合、その脳の抑止機能では十分な排除ができないから出てくるのではないかと思いますが、一部に霊能者的素質をもつ子もいることから、そういう子の場合はその種の記憶の想起も容易なのかもしれません（ちなみに悪霊も通常では知り得ない相手の秘密を見通す力を示すことがあるので、その種の能力だけでそれを優れたものと思い込むのは危険だと付け加えておくべきでしょう）。

ややこしいのはインチキな前世話もたくさんあることで、詐欺師と合体した自称霊能者の中にはそういうのを信者支配の道具の一つとして悪用する人もいるようですが、信憑性の高い話もあるので、そうすると「魂の死後存続」はその最も合理的な説明になるのです。

魂は宇宙空間を飛んでくる

これよりもっと不可解な話は、「魂の星間飛行」の話で、イギリスの精神科医アーサー・ガーダムは *Obsession*（『強迫観念』）[18]という本で、「宇宙空間を通って下降し、物質の中に入ったプシュケ（魂）の記憶」をもつ子供の話に言及しています。それがその子の場合、六歳から十一歳までの間、夢のかたちで繰り返し蘇ったのです。

彼の夢というのは、星々や諸惑星の間を通って、宇宙を落下しているというものだった。彼は周辺に環をもつ土星を通りすぎて下降した。私は優しい口調で、六歳のときに君が土星とその環を知っていたとはちょっと信じ難いね、と言った。私は彼が本当のことを言っていると確信していたが、疑っているとほのめかしてみることは必要だと感じたのである。少年はかなり憤然とした口調でこう答えた。「もちろん、ぼくは六歳のときはそれが土星とその環だとは知りませんでした。一週間か二週間前、学校から帰ったとき、たまたまテレビにそれが映っていたのです。それは天文学の番組で、ぼくにはその星に見覚えがあって、テレビの講師の先生がそれは土星とその環だと言ったんです。そのかたちは、ぼくが夢で見ていたものと全く同じでした」（原書 p.44）

この話が不思議なのは、魂はむろん通常の物体ではなく、肉体がもつ感覚器官ももっていないはずなのに、身体的なものとして捉えられていることです。だから下降している際に星や惑星も見える。僕がこの話を思い出したのは、自分の息子にも同じような記憶があるらしいことを発見して驚いたときです。それはガーダムの『偉大なる異端』の訳者あとがきにも書き含めましたが、彼は幼児の頃、星空を見上げて「きれいなお星さまねえ」と感傷に耽《ふけ》っている母親に向かって、あれは「ほんとは大きくて丸い」のだと言ったのです。驚いた母親が「何であんたはそんなこと知ってるの?」と聞くと、そっけない口調で「来るとき見たから」と答えた。「来るとき」というのは、「この世界に来るとき」で、彼は宇宙空間を通り抜けて猛スピードで降下し、「気がついたら、お母さんのおなかの中にポーンと入っていた」と説明したのです。僕は後でその話を聞いたとき、興味を覚えて、「おなかの中にいるときはどんな感じだった?」とたずねました。「うすぐらい」というのが彼の答でした（この話で注意すべきことは、母親はガーダムのことなど何も知らなかったということです）。

彼には「来る前の世界」についての記憶もあったらしく、母親には何度かそういう話をしたようですが、それがこの世界とはいくつかの点で「全然違う」ことを不思議に思ったようです（重力が稀薄だったことや、あちらでは「からだの大きさがみんなマチマチで全く違っていた」ことなど）。彼が他のことはともかく、僕の息子で幸いだったのは、父親がそういう話を読んだことがあったために、母親もそれが病的な妄想の類かもしれないと心配することはなくてすんだことです。それで医者に連れて行かれて、その医者が近代唯物論医学の信奉者で、「これは統合失調症の初期症状である」などと診断し、強い薬など処方されると、自己肯定感をズタズタにされた上に、有害無益な薬理作用で、本物の病人にされてしまったことでしょう。

あの世は実在する?

こういう話は何を示唆するのか? プラトンの『パイドン』には、終わりの方に、ハデスにある「大地」についてのかなり詳細な言い伝えの話が出てきます。それが事実そのとおりかどうかは大いに疑わしいとしても、そこに何かリアルな世界があるのは確からしく思われるので、上の「魂の星間飛行」の話からすると、それはこの同じ宇宙空間のどこかにあるか、または次元の違うところにあって、誕生の際、魂は遠くから、または次元をまたいで飛んでくるので、宇宙を通ってやってくる記憶が残るということなのかもしれません。

そんな話は全く信じられないと言う人が多いでしょうが、事実そんな話をする子供はいるので、僕はそれはたんなる子供特有のファンタジーだとは思いません。それが現代人の信念や知識体系にうまくはまらなくても虚偽だとはかぎらない。プラトンによれば、「思考がもっとも見事に働くときは……(中略)……魂が、肉体に別れを告げてできるだけ自分自身になり、可能な限り肉体と交わらず接触もせずに、真実在を希求するとき」(『パイドン』pp.32-33)、つまり死んだあとなので、そのときでないとわからないことがあるのだと思った方がよさそうです。

プラトンによる霊魂不滅の「証明」

このあたり、僕はプラトンに同意するのですが、にもかかわらず、『パイドン』の「霊魂不滅の論証」は不十分なように思われるので、とくに最後の「イデア論による証明」なるものは釈然としないものを残します。順序として、まずケベスの反論というものを見てみましょう。それはソクラテス（実際はプラトン）によってこう整理されています。

> また、魂がなにか強くて神的なものであり、われわれが人間になる以前にも存在していた、ということを証明しても、そういうことはすべて魂の不死を証明しているのではなくて、ただ、魂が非常に長命であり、測り知れないほどの時間かつてどこかに存在していたのであり、なにか多くのことを認識したり行為したりしたのだ、ということを証明しているにすぎない、と君は言うのだ。……（同書 p.119）

これは十分リーズナブルな疑いです。多くの人がケベスに賛成しそうです。ここで述べてきた議論でも、前世やあの世の記憶をもつ人がいるということは、魂が今の肉体に宿る以前にも存在していて、肉体を超えて生き延びるという証拠にはなり得ても、それが永遠に存在するとはかぎらない、ということになるでしょう。魂が何度も生まれ変わりを重ねるうちに疲れてくるというのはありそうな話で、僕もよく自分の魂はこの肉体に宿ることにいい加減ウンザリしているのではないかと思うことがあります。

しかし、プラトンによれば、決してそうではないのです。それはこんな具合です。「三」のイデアがある事物を占拠すると、その事物は必然的に三であるばかりでなく、奇数でもある。そうするとこの「奇数性」ゆえに、偶数のイデアは決して近づかない。

だから何なんですかと言いたくなりますが、かなり退屈しながら先を読み進むと、「身体のうちに何が生ずると、それは生きたものとなるのだろうか」という問いかけに、「魂が生ずると、です」と答えさせ、「すると、魂は、なんであれなにかを占拠すると、そのものに常に生をもたらすものとしてやって来るのだね」と念押しし、相手がそれに同意すると、「生に反対のものが何かあるだろうか」と問いかけて、「死です」と答えさせる。すると、「先の議論から同意されたように、魂は、自分が常にもたらすもの（生）とは反対のもの（死）を、けっして受け入れないのではないか」と問い重ねて、「そうです」と言わせる。

つまり、三は奇数で、決して偶数にはならないのと同じで、常に「生をもたらすもの」である魂も、その性質とは合致しない「死」を受け入れることは決してない、従ってそれは不死不

滅である、という結論になるのです。これで「証明は完了した」とされる。（同書 pp. 146-148）

プラトンの道徳的意図

ナットクされましたか？　わかったような、わからないような……。大体、「数のイデア」なんてものが何で持ち出されるのか、他にもっと適切な例はなかったのかと注文をつけたくなりますが、この論法で行くと、あらゆる生物は、アメーバでも、アザミでも、すべては魂をもつことになり、通常魂として観念されているものとはだいぶ性質の違うものになってしまいそうです（ギリシャ語の魂＝プシュケという言葉は、元来「いのち」を指すらしいので、それに照らせば何の不思議もありませんが）。

もう一つ、これは別に僕のオリジナルではないのですが、その魂自身が何かに生かされていると考えれば、話はまた違ってきます。個別の魂は全的、根源的なあるものから派生したもので、その根源的なものから自分が宿るものに生を付与する力を貸し与えられていると解釈することも可能だからです。この場合、魂は二次的な存在で、根源的なものではないから、いずれはその根源的なものに吸収されて消滅する。それならそれは不滅ではないことになります（プラトンの『国家』[19]には「善のイデア」というのが登場して、これは、太陽が諸々の事物を成長させるように、諸々のイデアを育む力を持っていて、種々のイデアの中でも別格のものとされていたように思うので、この「善のイデア」がここで言う「根源的なもの」と近いかもしれない)。

プラトンは教育者でもあったので、死後魂はハデスで生前の行いに見合った待遇を受けるという話をして、それを道徳的教訓につなげたかったのかもしれません。次の文などにはその配慮がよく見てとれる気がします。

もしも魂が不死であるならば、われわれが生と呼んでいるこの時間のためばかりではなく、未来永劫のために、魂の世話をしなければならないのである。そして、もしもわれわれが魂をないがしろにするならば、その危険が恐るべきものであることに、いまや思いいたるであろう。なぜなら、もしも死がすべてのものからの解放であったならば、悪人たちにとっては、死ねば肉体から解放されると同時に、魂もろともに自分自身の悪からも解放されるのだから、それは幸運な儲けものであっただろう。しかし、いまや、魂が不死であることが明らかな以上、魂にとっては、できるだけ善くまた賢くなる以外には、悪からの他のいかなる逃亡の道も、また、自分自身の救済もありえないだろう。というのは、魂がハデスに赴くにあたってたずさえて行くものは、ただ教養と自分で養った性格だけであり、これらのものこそが、死出の旅路の始めからすぐに死者をもっとも益しあるいは害すると言われているものなのである。(『パイドン』p.153)

そう述べた後、ソクラテスはある「言い伝え」について語ります。

人が死ぬと、生きている間から各人の運命を司るべく割り当てられていたダイモンが各人をある場所へ連れてゆこうとする。そこに集められた者たちは裁きを受けてから、かれらをこの世からあの世へ連れて行くべき使命を与えられたかの導き手とともに、ハデスへと旅しなければならない。かれらはハデスで蒙るべきことを蒙り、定められた期間留まると、別の導き手が再びかれらをこの世へ連れもどすのだ。その期間は何度も繰り返される永い周期をなしている。（同書 p.154）

要するに、この世の法や道徳は欺《あざむ》けても、死後その魂はしかるべき報いを受けるということなので、「逃げ切り」はできないのだというのが、この話の趣旨です。逆に、ソクラテスのように一心に「魂の世話」に勤《いそ》しんだ人間は――「アテナイという鈍牛にたかった虻《あぶ》」と自己規定していた彼は、裁判の弁論の際、アテナイの人々を「愚かな物欲や権力欲、名声にかまけて魂をないがしろにしている」と逆批判して、怒りを買ったために死刑判決を受けたのですが――それに見合ったよい世界、エリアに行ける。いかにも明快で、教訓的ですが、もしもそのとおりなら、相当恐ろしい話です。いや、自分は人に後ろ指を指されるような真似は一度もしたことがないという人も、その隠れた利己性や愛のない底意地の悪さによってハデスの一番ひどいところに追いやられるかもしれないので、そこらへんはうわべの「この世基準」には拠《よ》らないのです。

ガーダムによるハデスの説明

先に話に出たガーダムには、最晩年の作品の一つに *Paradise Found* という著作があって、それは原書でも絶版になって久しいのですが、それには彼が霊たちから直接聞いた話として、もっと恐ろしい話が語られています。彼もあの世をハデスと呼んでいますが、そこでは善と悪との熾烈な戦いが行われていて、その中のとくに邪悪な霊はこの世界に強く執着し、影響を及ぼし続けているというのです。彼は「悪のトランスミッター」という表現を使っていますが、この世にいる利己的で邪悪な人間は無自覚なままその悪のエネルギーの通路となって、善良な人間を弱らせ、攻撃したり、この世界の「悪による汚染」を激化させたりする。ハデスにいる善霊ももちろん、この世界に影響を及ぼし、その悪へのディフェンスを提供しようとするが、今の世界では悪が優勢で、いずれ暗黒時代がやってくるだろうと警告していました。これは一九八〇年に出た本なので、それからちょうど四十年たっているわけです。プラトンの説明では、ハデスはこの世とは別の領域に存在し、管理される世界のような描写になっていますが、ガーダムによればそれはどのようにしてかつながり、ハデスのありようはこの世界のありように強い影響を及ぼしているのです。逆にこの世界のありようがハデスでの闘争にも影響するとも読めるので、こちらの話は一段とこわいのです。

魂の性質の理解

いずれにせよ、プラトンもガーダムも、ハデスが実在するということ自体には何の疑いも示していないので、それが実際にどういうものであるかはともかく、僕もそれはあるのだろうなと思っています。つまり、人間は死ねばそれでおしまいというような、そういう単純な話ではないだろうということです。

個別の魂が不滅かどうかは、先にも書いたように疑わしいと僕は思っていますが、その大本にある根源的なものは不滅で、西洋のスピリチュアリズムではこれを大文字のSpiritで表わすことが多い（ガーダムが非個人的な「不可分の意識」と呼び、盤珪禅師が「不生の仏心」と呼んだものも僕の理解では同じ）のですが、魂だのプシュケだのは、そこから伸びたニューロンのようなものだと僕は理解しています。それは死後も存続するし、最終的にはそのSpiritの中に帰融するとしても、果たすべき役割があって、それが済むまではあの世とこの世の行き来を繰り返すのでしょう。むろん、それは通常のパーソナリティではない。自我人格は肉体への意識の自己同一化がつくり出すものなので、肉体の死と共に消え去る。それが重要性をもつとすれば、それが魂に刻印を残すという意味ででしょう。『リターン・トゥ・ライフ』にオリビアという少女が五歳九か月のとき使ったという面白い表現が出てきます。彼女は自分が前世でデイジー・ロビンソンという名の女性で、三十歳で死んだのだと語っていたのですが、母親がオリビアに、あなたはデイジーがもっていたのと同じ人格をもっているのかもしれないと言うと、彼女はそれを否定して、人格（パーソナリティ）は消えてしまったが、人（パーソン）は残っているのだと答えた。おそらくこの幼い少女はまだ語彙に乏しく、人格とは別の実体を言い表わそうとして、パーソンという言葉しか思いつかなかったのでしょう。しかし、「人格（パーソナリティ）」というものを明確に否定したのは興味深いことです。

長くなったのでこれくらいにしますが、僕のこの文は『パイドン』の要所と自分が思った部分について感じたことを書いただけのものなので、いろいろな読み方ができる面白い本だと思います。一度も読んだことがないという人はお盆休みにでもお読みになったらいかがでしょう。ハデスへの門が開かれるとされる今は、時期的にもふさわしい。細かい理屈が面倒になってきた僕のような人間には煩わしく感じられる箇所も、若い人には面白く読めるかもしれません。「哲学の歴史はプラトンのフットノート（脚註）である」と言ったのはイギリスの哲学者ホワイトヘッドですが、西洋思想の理解にはプラトンは不可欠です。冒頭見たような彼の顕著な「反時代性」も、現代人にはいい薬になるかもしれません。

（二〇二〇年八月一一日）

三、なぜ世界はこれほど悲惨な場所となったのか？
――プロティノス哲学からの照射

危機に鈍感になった現代人

有名な「ゆでガエルのたとえ」というのがあります。鍋にたっぷり水を入れて、その中にカエルを投げ込み、それをじわじわコンロで熱してゆく。するとカエルはゆだるまでそのまま中にいて、あえなく昇天してしまうという話です。いきなり熱いお湯の中に投げ込めば、アッチッチというわけで、カエルはすぐさま反応して外に飛び出すでしょうが、この場合は温度変化が緩慢なため、慣れてしまってそれに気づかない、というものです。

むろん、こういうのは作り話でしょうが、今の地球環境が非常に深刻な状態になっているのはたしかで、異常気象が恒常化してしまって、もはや何がふつうで何が異常なのかもわからなくなってきていますが、慣れというのは恐ろしいもので、「たしかにヘンだが、急にどうかするということはなくて、何とかなるんじゃないの？」的な反応が支配的になって、韓国語でいうところのケンチャナヨー（大丈夫、心配いらない）、ここらの方言でいう「ええが、ええが」になってしまって、僕の見るところ、宮崎県の方言の最高傑作は「よだきー」ですが、これは「おっくう、めんどくさい」の意味で、だからといって何かするのはよだきいがね、で終わってしまうことになるのです。

果たしてそれでいいのか、なんて構えたことは言わないことにしますが、僕のように老い先短い人間はあの世からのお迎えの方が早いだろうからまだいいとして、このままではまず絶対にケンチャナヨーでも、ええが、ええがでも済まないので、今の子供や若者の将来が心配です。今は地球史上六番目の生物大量絶滅（人為的な要因によるものとしては初）が進行中ですが、その先には当然ながら、人類の大量絶滅が待ち受けているわけです。

プロティノスの創造論

先日、僕はあることがきっかけで本棚の奥からプロティノスを引っ張り出して読み返しました。読み返したと言ってもパラパラと必要に応じてそうしたというにすぎないのですが、視点を変えて読み返すのは新鮮に感じられる体験で、「なるほど」と納得が行ったことが一つあって、根本の問題はやはりそこにあるのだなと思ったのです。

そのきっかけは、ある日自転車に乗って林の中を通り抜けていたときに、「生産的なのは自然だけである」という言葉が突然頭に浮かんだことです。この「生産的」というのは「創造的」というのと同義ですが、僕には真実と思われました。そのとき「自然は、しかし、どうやってそれを可能にしているのか?」と以前からもっていた疑問を思い出したのです。それで、何でそれがプロティノスと結びついたのか自分でもよくわからなかったのですが、家に帰ってから彼の『エネアデス（抄）』[20]のⅠ・Ⅱ（中央公論新社）を引っ張り出した。

そうすると関係箇所が見つかった。Ⅱの方に「自然、観照、一者について」（田之頭安彦訳）という論文があって、そこに一見すると奇妙なことが書かれていたのです。要約すると、

自然（ピュシス）は、観照（テオリア）を通じて自らの製作物を生み出す

というのです。これは一体どういうことか?　それを考える前に、ここでプロティノス哲学のかんたんな見取り図を示しておく必要があるでしょう。彼はその最上位に「一者（ト・ヘン）」を置きます。そこから知性（ヌース）が流出または発出して、今度はその知性から霊魂（これは「多にして一」で、本質的には同じですが宇宙霊から僕らの個別の魂まで、多種多様のもの

がある）が生み出される。最下位にあるのが「素材」と呼ばれるものですが、これは一応物質とかんたんに解釈しておきましょう。通常の物質は「素材」によって構成されたもので、そこには霊魂による「加工」がすでに加わっていると解釈できるのですが、あんまり細かくし過ぎるとかえって話がわかりにくくなるので。

それで、宇宙霊魂がこの物質宇宙を素材からつくり、それに秩序を与え、人間の場合には、魂を通じて肉体とこの世界に働きかけ、そこに秩序を生み出す。自然も、それは霊魂の末端に位置するものと言えますが、素材に働きかけてこの自然世界をつくり出すのです。

そうすると、一者↓知性↓霊魂（分類によっては霊魂↓自然）↓素材、という順序で上のものが下のものを生み出すことによってこの世界は形成されるのですが、知性は一者を仰ぎ見、霊魂はその知性を仰ぎ見る、という関係になっていて、この「仰ぎ見ること」が「観照」であり、その観照によって、下位のものが（半自動的に）生み出される、あるいは秩序づけられるのです。

僕らがふだん目にしている「自然による創造」は、だから自然が自分の上位にある知性、ヌースを「観照」することによってその叡知を取り込み、行われているということになるわけです。その意味で、プロティノスによれば、この自然の豊かで美しい姿は、より高次の世界の模像または影のようなものでしかない。

このあたりはアーサー・ガーダムも同じようなことを言っていて、この世界にある美は一時的な、儚いものでしかなく、色彩にしてもフォルムにしても、それは高次元の世界にある美の貧弱な模写にすぎないのだと言っています。しかし、彼はどうしてそうなのかということは説明していない。プロティノスはそれを上のように説明するのです。

堕落の原因

さて、こういう話が冒頭の人類大量絶滅の話とどう関係するのか？　それはプロティノス流に言えば、人間の魂が「劣悪」なものになってしまったからで、何が善であり、何が悪であるかを正しく見極められず、際限もなく堕落してしまったからです。だから自分がどの方向に向かっているのかも、どんな危険の中に自分たちがいるのかも認識できなくなってしまった。有名な「三つの原理的なものについて」（田中美知太郎訳）という論文の冒頭で、彼は次のように述べています。

はたしていったい何ものが、たましいに父なる神を忘れさせてしまったのであろうか。自分はかしこから分派されたものであって、全体がかのものに依存しているわけなのに、そういう自己自身をも、またかの神をも識ることのないようにしてしまったのはいったい何であろうか。むろんそれは、あえて生成への一歩を踏み出して、最初の差別を立て、自分を自分だけのものにしようと欲したから、それがたましいにとってそのような不幸のはじめとなったのである。特にこの自分勝手にふるまいうることのよろこびというものは、一度たましいがこれをおぼえたと見えてから、その自己主動性の濫用というものはすでにはなはだしいものがあったのであって、たましいは逆の一途を急転して、非常に遠くまで離反してしまったので、自分がかしこから出て来た者であるということすら識らぬにいたったのである。それはちょうど小児が、生後間もなく父の手許から引き離されて、長い間遠方で育てられたために、父が誰であるか、自分が何者であるかを識らないようなものである。かくて、もはやかの神をも自己自身をも見ることのないたましいは、自己の素性を識らないため、自分を卑《いや》しんで、他を尊び、何でもむしろ自分以外のものに驚嘆し、これにこころを奪われ、これを称美し、これに頼り、自分が軽蔑して叛《そむ》き去って来たところのものからは、できるだけ自分を決裂離反させるにいたったのである。（上掲書Ⅰ　pp. 125-126）

いかにも田中美知太郎らしい、悠揚迫らざる訳文で、プロティノスその人がゆったりとした口調で語るのが伝わってくるような印象ですが、久しい以前から人類は「父なる神」を忘却し、「自分勝手にふるまいうることのよろこび」にかまけて、進むべき方向とは「逆の一途を急転して、非常に遠くまで離反してしまっ」ていたのですが、この三百年余りで「魂の自己喪失」が極限に達しただけでなく、科学技術だけは長足の進歩を遂げたので、恐るべき破壊力を手にすることになって、自己の存続すら危ぶまれるような窮状に陥ったのです。「悪とは何か、そしてどこから生ずるのか」（田之頭安彦訳）という論文で、彼はその「堕落のメカニズム」とでも言うべきプロセスについて、次のように述べています。

まず第一に、劣悪な魂は、素材の外にあるのでも、（素材にかかりあいをもたずに）ただ自分だけで存在しているのでもない。したがって、その魂は（素材の特性である）〈適度のなさ〉と混り合い、秩序をあたえて適切さへと導いていく形相《エイドス》に縁のないものとなっているのである。というのも、その魂は、素材をもっている肉体と混り合ってしまっているからである。次に、（魂がそのような状態になって）その思慮を司る部分が害されると、その部分は妨げられて（真の実在を）観《み》ることができなくなるのである。つまり、その魂は、いろいろな情念をもったり、素材で暗くされたり、その素材の方に傾いたり、また一般的に言えば、真の実在の方ではなく〈生成〉の方に目をむけるので、魂のその部分の観る働きが妨げられるのである。（同Ｉ　pp.240-241）

プロティノスによれば、本来「魂は世界の完成のためにさし向けられた」（プラトン『ティマイオス』[21]）のであって、「魂の任務は、単に思考することのみではなく、下位のものの世話をすること」（同Ⅱ巻末「『エネアデス』要約」p.318より）なのですが、上の魂の堕落の必然的結果として、その逆になってしまい、自然に宿った魂による（素材を原資とする）生命の建設的な形成作用を破壊し、「暗黒」をつくり出す羽目になってしまったわけです。つまり、本来の「任務」とは全く逆のことをする存在になってしまい、そのことに対する自覚すら完全に忘却したのです。

反知性主義とは何か

「反知性主義」という言葉がありますが、今の人類、ことに文明人は、それとは知らずにこれに陥っているわけです。より次元の低い、たとえばトランプみたいなのだけが「反知性主義」なのではなく、今の文明はベースが「反知性主義」なのです。知性（プロティノスの言う「ヌース」）がどういうものなのか、まるでわかっていない。機械的な計算や暗記の能力（いずれもコンピューターに遠く及ばない）をそれだと誤認している人も少なくないので、元がそれなら、人間が賢くなる道理はないのです。退化あるのみ。

現代人のこの「反知性主義」の根底にあるのは「自己の素性」を忘却して独善的なものになるところから生まれた「人間中心主義」です。それは自然を搾取して当然のもの、人間に奉仕するためにだけ存在するものとみなす。それは人間が好き勝手に使ってよいただのモノ、素材にすぎないのです。昔の人のようにそこに神々や神の作用を見るのは、たんなる「遅れた人たちの迷信」にすぎない。プロティノス的に考えると、それこそが人をより高次の知的認識、洞察へと導く端緒になりうるものなのですが。

自然のモノ扱いが行き着く先

環境保護への関心も、人間が自然の再生産能力を深刻に害したり、温暖化によって気候変動や自然災害が激増していて、それが自分たちの生存を脅かすようになったからで、あくまで「人間中心主義」の観点から見られたものでしかありません。要するに、それは損得の問題でしかないのです。これは奴隷の所有者が、奴隷たちが病気になって死なれたりすると損をするので、その健康にいくらか配慮するようになったというのと同じです。根本にあるその非人道性に疑いをもつようになったからではない。

だから、その程度の動機に発する自然保護には、大したことは期待できないと言えるでしょう。そこには根本的な自己反省はないからで、自然と自分は同根であり、この世界を意味あらしめるために遣わされた同じ魂の働きなのだという自覚は欠落したままだからです。

また、自然の搾取から同胞間、人間による人間への搾取へと進むのも自然の勢いです。強度の利己性から自然をモノ扱いするようになれば、人同士でも互いを利用すべきモノ扱いするようになるのは避けられないからです。そういう低劣な魂にとっては利用する側になるか、利用される側になるかは死活的に重要な問題なので、権力闘争が起き、勝った側が負けた側を支配するのは当然だという理屈になる。とりわけ劣悪な人間は必死に権力を得ようとして戦い、そこまでするのはためらわれるという中途半端な人間は権力者に取り入り、甘い汁を吸える側に入れるよう腐心するのです。

かんたんに言うと、そういう世界になってしまうわけです。かつての社会的エリートにはまだ「弱きを助け、強きを挫《くじ》く」のが社会的付託を受けた自分の使命であるという自負心が残っていて、それはエリート教育の一部として組み込まれてさえいたのですが、今は完全に反対になっていて、「強きを助け、弱きを挫く」のが階級利益の代弁者である彼らの仕事になってしまい、それこそが人間の本性に合った自然かつ正直なありようであるとして、賞讃を受けるまでになってしまったのです。だからエスタブリッシュメントに富の大半が集中するようになっても、なかばそれは当然視されて、その一部になることか、せめてそのおこぼれに与《あずか》れる地位に就けることが多くの若者の「理想」となったのです。それは卑しいことではない、「勝ち組」になれないことこそが恥なのです。

これではサル山のサル以下ですが、そういう自覚はない。かつて東大の学長が卒業式の式辞か何かで、「太ったブタより、やせたソクラテスになれ」と言ったという話があります（ちなみに、ソクラテスその人は清貧を旨としていましたが、驚くべき頑丈な体躯の持主でした）が、一九六〇年代当時の日本ですらそれはＫＹな、あるいは偽善的すぎる訓示であるとして、失笑を誘ったのです。

体験に基づく哲学

話を戻して、ここでさっき引用した「三つの原理的なものについて」の箇所をもう一度思い出していただきたいのですが、こういうのは全部その結果――魂が自分の素性を忘れた結果――なのです。プロティノスという人は、当時の基準からしても晩学の人で、二十八歳でアンモニオスに入門して、そこで十一年間学んだとされますが、哲学者である以前に mystic（神秘主義者）で、たぶんアンモニオス入門以前に何らかの洞察体験、神秘体験をしていて、その説明となるような、またその認識を深めてくれそうな師を探し求めていて、それがアンモニオスだったのではないかと僕は想像しています。彼はオリジナリティを主張せず、プラトンの承継者の一人と称していたようですが、先に自分の体験があって、その上で先行する哲学者の教説を吸収し、それを理論化したのではないかと思われるので、だからそれはたんなる観念の体系ではなかったのです。彼の目の前には真善美揃った「ヌース」と、最上位の通常の言語的形容を超えた一者の世界があり、それを見ながら――「観照」しながら――先行する哲学者の著作を援用しつつ説明を加えているというふうで、当時の他の哲学者並に思弁的すぎて退屈させられるところはありますが、その叙述に生き生きとしたところがあるのは、そのためなのでしょう。

要するに、彼は観念を弄《もてあそ》んでいたのではなく、リアルなものを見ながら語っていたので、有名なプラトンの「洞窟の比喩」を用いて言うなら、ほとんどの人々が影の世界を実在として見て、それでとやかく言っているのに対して、彼は背後を振り返って、その「光源」そのものを見ることを哲学の中心に据えたのです。そしてその光源との関係から、すべてを説明しようとした。彼の思想体系はそこから生まれているのです。

プラトンと多くの点で対立するアリストテレスも、哲学的営みの最上位に「観照」を置いていたと記憶するのですが、僕ら現代人に致命的に欠けているのはこの背後への振り返りと観照なので、だから何もかもが無秩序で乱雑なものとなり、情報のガラクタの中で「魂の自己喪失」を深刻化させ、やることなすこと見当外れで、事態を悪化させるばかりということになっているのではないでしょうか。

観照がなければ理解もない

根本的な自己認識、世界認識というものが狂っているわけです。だから上に見た現代文明人の利己主義も、道徳の問題というより、自己理解の喪失、認識の過誤の問題から発生したもので、自然との正しい関係が見失われたのもそのせいです。

問題の根はそこにある。今の世界の政治状況はこの点からすると地獄の一丁目で笛を吹き鳴らしているようなもので、地獄の亡者の中でも最も低劣な者が権力を握り、魂の自己忘失を競い合って、人々をさらなる低みへと導いているようにさえ見えます。妙な言い方をするなら、それに「正しく絶望する」ことなくして、そこから離脱することは不可能なので、今の僕らにはその「絶望」が足りていないのではないでしょうか。それが、プロティノスを久しぶりに読み返して、僕があらためて思ったことです。本当に前に進みたいと思うのなら、急がば回れ、この影の世界だけ見るのではなく、自己を深く顧み、背後の光源を振り返らなければならない。導きの糸はそこにしかないように思われるのです。

（二〇二〇年一一月二三日）

四、意識と輪廻

意識に関する二冊の本

年末から正月にかけて、面白い本を二冊読みました。

①『あなたの知らない脳――意識は傍観者である[22]』
（デイヴィッド・イーグルマン著　大田直子訳　早川書房　2016年）

②『ブッダが考えたこと――プロセスとしての自己と世界[23]』
（リチャード・ゴンブリッチ著　浅野孝雄訳　サンガ　2018年）

①は米国スタンフォード大准教授の神経科学者の本、②はオックスフォード大学のサンスクリット講座の主任教授を二十八年間にわたって務めたという英国仏教学の泰斗の本ですが、訳者の浅野孝雄氏はこの種の本を訳す人としては異例の、東大医学部卒のお医者さんで、脳科学の専門家です。どちらも訳文は達意で、読みやすい。①は科学読み物として面白く、僕が宣伝しなくても単行本が文庫化され、大いに売れているようですが、②は昨年四月に出たもので、テーマがあまり一般的ではないことと、頭も使わされるかなり大部な本なので、ロングセラーで少しずつ息が長く売れる、という性質の本でしょう（この一年で僕が読んだ本の中で一番刺激的で読み応えがあったのがこの本です）。

拙文は書評を意図したものではありませんが、これは二つ並べて論じるというのは難しい組み合わせです。どちらも「意識」の問題を取り上げているが、畑が違うと、意識の定義も違ってくるからです。この言葉が面倒なものであることについては、『リターン・トゥ・ライフ』の訳者あとがきでも触れましたが、②のゴンブリッチ本の内部ですら、文脈によって異なる意味の「意識」が出てきて、その語義の理解は読者に委ねられているので、本当に厄介なのです。

①のサブタイトルになっている「意識は傍観者である」の意味は、僕らは通常、〈私〉という主人がいて、それが自分の行動や思考を指揮・監督していると思い込んでいるが、さにあら

ず で、それは広大な大洋に浮かぶ豆粒大の島のようなものにすぎない、ということです。人間の内臓の働きなどは意識とは無関係に「自動運転」されているということは誰でも自覚しているでしょうが、脳の病変や損傷によって人間の「人格特性」と見られているものまで激変してしまうことがあることからして、脳とは分離独立した人格とか魂とかいったものが存在するかどうか疑わしい、という話（それに対する僕自身の見方については後述）も出てきて、著者の立場は中立的で、「脳のありようがすべてを決定する」というようないわゆる「脳決定論」ではありませんが、素朴な心身二元論を否定するものだとは言えそうです。

同じく②のサブタイトル、「プロセスとしての自己と世界」は、この本の内容全体を簡潔に言い表わしたもので、僕らに認識される「自己と世界」は、それ自体が一個の「プロセス」に他ならず、それ以上でも以下でもない、ということを言ったものです。仏教は元々この現象世界に「実体」的なものを認めませんが、自己も世界も「変化してやまないプロセス、意識の流れ」としてしか存在しないというのが全体のコンセプトです。

意識の異なった捉え方

しかし、そもそも「意識」とは何なのか？　①に出てくる「意識」の場合、それが何であるのかというような抽象的、哲学的議論は何も出てきませんが、僕らが「ああしよう、こうしよう、これは避けたい」とか思う場合、そこに「意識」が働いていると見なされるのですが、それはその思念と切り離せないもので、抽象化された「意識」ではありません。このことは②の議論ともつながってくる。「ブッダは、意識とはつねに何ものかについての意識だと言っている」(『ブッダが考えたこと』p.240)とあるからです。彼は意識というものをそのように捉えることによって、ウパニシャッド的な意識に関する教義を否定した、というか、別の現実的な意識理解をもたらした、というのです。

①のイーグルマンの「意識」の場合、そこに〈私〉、意識主体というものが措定されているのはたしかです。「ああしよう、こうしよう、これは避けたい」とあれこれ思う場合、それは〈私〉がそう思う、感じると理解されているのであり、名称はどうあれ意識主体となるものが無意識に前提されているのです。その場合の意識は「その思念と切り離せないもので、抽象化された『意識』ではない」と言いましたが、通常はその思念とは別の、抽象的な実体、自己が存在すると思われているのです。その「自己」が「意識」の中心にいて、それを所有しているのだと考える。

②の仏教的見地からすれば、こういうのは「妄想」なのですが、この文明社会はその「妄想」によって運営されている。デカルト先生も「われ思う、ゆえにわれ在り」と言ったではないか。頭意識や思考が存在するとすれば、そこには同時に必ずその担い手、主体が存在するはずだ。頭がおかしいのはおまえの方ではないか、と反撃されてしまうのです。

さらにややこしいのは、仏教の場合、「輪廻」というものが〝正式教義〟として認められていて、その場合、何が輪廻するのかという問題が出てくることです。ピュタゴラスに遡《さかのぼ》る西洋神秘主義の伝統では「魂が輪廻」するのであり、霊魂は不滅とされるのですが、仏教が「そんなものはない」と言うのなら、じゃあ何が輪廻しているのか、そこをはっきり説明してもらわないと困る。無我だが、輪廻はあるなんて、わけのわからないことを言ってもらっては困るのです。「ないようで、あるのですよ」といった没論理の東洋的曖昧主義で納得するのは、ものを突き詰めて考えない人にかぎるでしょう。

仏教的無我の解釈

これに対するゴンブリッチ先生の回答は、いささか拍子抜けがするほどかんたんなものです。これは「不変の我は無い」または「不変の魂は無い」という意味なのだと。あったりまえでしょうが、そんなこと！　魂であろうと、人格であろうと、変化しないものはない。変化しないそういうものを措定して、わざわざそれを否定して見せるなど、全く馬鹿げたことに思われます。しかし、ウパニシャッドでは「恒久不変のアートマン」なるものが出てくるし、ブッダが相手をしていた当時の聴衆は、「個々人の核に、生から生へと輪廻する恒久的な実体がある」と信じていたので、それを否定しておく必要があったのだと、何かそんな感じのお話です。そうして先生はおっしゃる。

仮に、無我の教義が個人の連続性の否定を意味するならば、それは道徳的責任の放棄という恐るべき結果を招くであろう。……（中略）……それは正しい解釈ではあり得ない。なぜなら仏教は、人々（あるいは他の生命）が死ぬと、自らの道徳的行為にふさわしい境地に生まれ変わると教えるからである。……（中略）……仏教徒は無限に繰り返される一連の生に及ぶ、個人の連続性を信じている。（『ブッダが考えたこと』p.39）

カルマの教え全体の要訣は、あらゆる個人は自分自身に対して責任を有すると説く点にある。ブッダの言葉を引けば、我々は「自らの行為の相続人」である。仮に我々が、他人の行為までも相続することとなったら、道徳体系のすべてが崩壊してしまうであろう。（同書 p.283）

うーむ。これはそれ自体としては全くご尤《もっと》もなお話ですが、僕に一つ疑問なのは、西洋の輪廻説、ソクラテスやプラトンも信じていた魂の輪廻は、魂がそのプロセスで変化することを前提としていなかったのか、ということです。変化しなければ、輪廻それ自体が意味を失う。魂はそのプロセスで向上したり堕落したりする、それあってこその輪廻だからです。ゴンブリッチ式解釈では魂は「不変の実体」なのかも知れませんが、元々それはそういうものではないでしょう（そこに「本質」というものが措定されていて、それは「不変」と見なされていると言いたいのかもしれませんが……）。

そうすると、どういうことになるか？　魂が元々「恒久不変性」をもたないとすれば、そう理解する方が自然だと僕には思われますが、輪廻するのは魂またはそれに相当するものだと言っても差し支えないことになり、仏教説も実質的には変わらないことになります。「無我」というと「我自体が存在しない」意味なのかと思ってしまいますが、ただ「変化しない我は存在しない」という陳腐きわまりない意味にすぎなかったということになってしまうのです。

輪廻する主体の解釈

僕は仏教学者ではないので、詳しいことはわかりませんが、本書全体の叙述の印象としては、「恒久不変」なものは「涅槃《ねはん》」（それについてはのちに触れます）以外にないとされ、ヘラクレイトスの「万物流転」的な徹底した見方――すべては因果関係の中で生起するプロセスである――をブッダはしていた、というような書きぶりなので、やっぱり「いかなる実体的なものも認めない」立場なのかなとも思えるので、そこらへん、いくらか釈然としない思いです。が、人の議論をなぞるのは僕は苦手で、ここまででも十分苦労しているので、ここから先、少し自由に自分の考えを書かせていただきます。
僕の考えでは、輪廻するのは思考や感情・記憶の集合体で、「残念」という日常語が日本語にはありますが、その本来的な意味の「残った念」が輪廻するのです。そしてそれらをにかわのようにくっつけて、一つのかたまりにしているものは、ずっと続いてきた「私という思い」です。それは僕らの無意識の底に貼りついた感情で、それが「無明《むみょう》」というものなのだろうと僕は理解していますが、それによって形成された心的構造物が輪廻するのです（それは通常の意味ではネガティブなものだけではない。「やり残したこと」も当然含まれるはずだからです）。

ウパニシャッドの意識論

このゴンブリッチの本で、一つ非常に僕に有益で面白かったのは、対比的に使われるウパニシャッド、ヴェーダ思想の説明です。僕はそれを十分よく知らなかったので、何と自分の考えと似ているかと驚いたので、そのへんもちょっと引用させてもらいます。

［『ブリハド・アーラニヤカ・ウパニシャッド』によれば］ブラフマンは意識（*cit*）として、全宇宙に遍満する。（同書 p.172）

ブッダは、意識とはつねに何ものかについての意識だと言っている。これは、意識は世界精神たるブラフマンに内在し、ゆえに、個人の魂であるアートマンにも内在するとする――これは究極的にブラフマンと同一であるから――『ウパニシャッド』の教義とは正反対である。（同書 p.240）

『ウパニシャッド』において、意識は外部にある何かについての意識ではなく、そのような意識〔が存在するため〕の前提条件であった。またそれは、真の存在と不可分に結び合っているから、ここでは存在論と認識論が一体となっている。意識とはつねに、何ものかについての意識でなければならないとする点において、ブッダに同意するかはともかく、存在論と認識論を分離している点では、ブッダの見解が我々にとって親しみやすいものであることに疑いはない。（同上）

この前の訳書（『リターン・トゥ・ライフ』）のあとがきにもちょっと書いたのですが、僕はこんなふうに考えています。意識は元々世界に内蔵されていて、それが人間のレベルにまで脳が進化した時、その働きを初めて自覚的に感受できるようになったのではないかと。たとえば、蚊を叩こうとすると、彼らはその気配を敏感に察知するように見えます。僕の解釈では、これは世界が内蔵する意識のおかげでそうできるので、その普遍意識が蚊にも分け与えられていて、それが保護的な働きをしているのです。どの生物もその根源的意識のおかげをこうむっている。それが人間のように意識にのぼらないだけで、いわば「意識以前の意識」としてそれは作用しているのです。機械と生きものの違いはそこにある（そのうち機械－ロボットにもそれと似た能力が付与されるかもしれませんが、これはその「気配」が物理的電気〔化学？〕的な何らかの信号として捉えられるようになった場合でしょう。その場合でも、生命体と機械では危険回避のシステムが異なっているだろうと僕は考えますが、長くなるのでそのへんの議論は割愛します）。

上の引用文に照らせば、これは「ウパニシャッド的」です。この場合の「意識」は本来一つのものだと見なされているのですから(始原においては「意識は非二元的である」、そこには「いまだ主体と客体の分裂が見られないからだ」という西田哲学的な記述もp.269（『ブッダが考えたこと』）に出てくる）。

だから僕らの通常の意識も、上の引用文にある「前提条件」としてのその普遍的意識のおかげで成立するものと理解されるのです。どの宗教にもある神秘主義の伝統には、瞑想などで意識が個別性、相対性を離れて自由に伸び広がり、その根源的なレベルの自覚にまで達すると、途方もない絶対感、自由感が体験され、一神教文化では、その根源的なものは「神」と観念されるので、「われは神なり！」と叫んで不敬罪で捕らえられ、処刑されたりすることもあるのですが、それは意識のそういう性質によるのです。

二元論的な意識解釈

しかし、僕ら人間は意識のそういう性質を誤解してしまった。〈私〉が意識を持っているのだと思い込むのです。僕はたまに、塾の高校生に何かのついでに「君らは〈自分〉というものが存在していると思ってる？」と聞くことがあるのですが、ほぼ百％がイエスと答えます。混乱させるとよくないので、それ以上の話はしないのですが、今の文明世界ではそれは自明のことで、多くの人たちにとってこの自分、〈私〉こそが「神聖侵スベカラザル実体（もちろんそれは変化成長するものと思われている）」と受け止められているのです。

どうしてそうなってしまうのか？　僕らは一応肉体的に分離独立した体をもっています。そして誕生と同時に名前をもらい、ずっとその名で呼ばれて、「君は可愛い」とか「おまえは頭がいい」とか言われながら育ち、人間の脳には一個の生命体として機能するための「統合ソフト」と思考の働きが備わっているので、自分の体、自分の能力、自分の性格、自分の家族、自分の学校・会社、自分の国……というふうに、すべてがmyという所有格付きで解釈されるようになる。社会によっても､脳によっても､十重二十重《とえはたえ》の条件づけを受けて「私という実体」（より正確に言えば、それが存在するという思い込み）が生まれるのです。そして本来誰のものでもないその普遍的な意識の働きを感受、自覚するとき、それも「私のもの」と解釈してしまう。

そして防衛的な自意識が生まれ、それに支配された思考や感情の下、その働きを歪めたり、局限したりしてしまうのです。

ブラフマンの世界創造

もう一つ、面白い文を引きます。これはヴェーダの「宇宙創成論」に触れたくだりです。

アートマン［引用者註：ここはブラフマンと同じ］は創造された世界に名と形を与えた後、その中に「つま先に至るまで」入り込む。こうして主体（意識とも言えよう）となった彼は、客体とともに自らのアイデンティティを認識し、最終的にそれに形を与える。……（中略）……父が息子の中に生きているように、アートマンは名と形を与えられた我（self）において、認知を行う。

だが、名と形を通じての自己表現は、創造者が自己認識を続けることを可能にするだけではない。同時に、彼は身を潜めてしまい――あたかも、複数の異なる名と形に分割されたかのように――一つの全体として見られる能力を失う。こうして、名と形を与える行為はまた、認識を不可能に、あるいは、少なくとも困難なものとする。（同書 pp.271-272）

いかがですか？　これは寓話的な表現ですが、今僕が言ったことをよく説明してくれるものと思われるのです。それぞれのものに「名と形」を与えることによって、近視眼的な認識の過誤が起こり、「全体として見られる能力を失う」（根源者の側から見れば）ことになってしまうのです。それぞれの個物が自分を「分離独立した実体」だと思い込み、互いにそう主張し合って、分裂がひき起こされる。

大乗仏教における復活

それは有害無益なことなので、ゴンブリッチ先生によれば、「実用主義者」のブッダはこういう誤解につながりやすいヴェーダ的思考原理そのものを廃棄しようとした、ということのようですが、仏教でも、時代がずっと下って大乗仏教になると（大乗非仏説というのがあって、それは正しいと僕も思いますが）、それは復活してしまう。たとえば禅では、「父母未生《ぶもみしょう》以前本来の面目」なんてことを言います。おまえの両親が生まれる以前の本来の自己を言え、と禅坊主は弟子に迫ったりするのですが、通常の理解だと、親が生まれる以前には当然自分はまだ存在しなかった。親が生まれてからもしばらくは存在しなかったので、父母がたまたま出会って結婚し、おぎゃあと産声を上げて初めて今の自分は出現したのです。しかし、そんなものは本当の自己ではない。むろん、前世でおまえは誰だったのかというようなことを聞いているのでもないので、個別性を離れた、根源的な意識の自覚を、これは指しているのです。

この場合、ウパニシャッドの梵我一如《ぼんがいちにょ》思想とはどこが違うのか？　仮にそれが「アートマン（個我）とブラフマン（宇宙我）の合一」というふうに理解されるなら、その場合はなおも実体的な自己観念の投影が行われているとして、それはきっぱり否定されるでしょう。しかし、そうではなくて、自己（我）の本質が自然世界の根本原理であるブラフマン（梵）と同一のものだという明確な自覚をそれが指すだけなら、大して違いはないだろうと僕は思います（上の引用文にもあるように、元々アートマンという言葉そのものが「宇宙原理」として、つまりブラフマンと同義に使われていた例もある）。絶対的なものに自他の別などはあり得ないので、そこに通常の自己観念など持ち込めるはずがないからです（話が長くなりすぎるので割愛しますが、ヒンズー教哲学の確立者として有名なシャンカラも、そうした自己観念は「統覚機能」をアートマンと誤認した結果生じるものでしかないと明言している）。

機能としての自我

僕らが一個の生命体として有効に機能するためには個としての意識が必要になります。それを可能にするのが自我で、そう考えると自我は一種の〝生体防衛機能〟です。それには持ち場があって、僕らはそれ抜きでは日常生活すらまともに送れない。社会生活上も、行為主体、責任主体としての役割を負わされるものが何もないのでは困る。ただ、それが自分というものの本質なのだという誤った思い込みから感情的にそれに自己同一化してしまうのが不幸の始まりなので、それによって生じた私的感情の堆積物を取り除いていくことが肝要なのだということになるでしょう。禅で「悟後の修行」というものが重要視されるのもこの理由によるので、自我人格をその体験に基づく自覚を通じて陶冶《とうや》する必要があるのです。自我人格そのものを消すのではなく、そこからよけいなものを取り除く。自我人格が消滅するのはそれが不要になったとき、つまり死ぬときです（無用な〈私〉感情抜きに自我機能を運用することは可能だと思いますが、それは自我機能それ自体が消滅するのとは原理上違うでしょう）。

それで何も問題はない。ゴンブリッチ先生が心配する「個人の無責任」もそれで防止できる。自我人格はこの社会における一つの「約束事」みたいなものです。それを仮の実体として扱うことにしましょうというだけなら、深刻な問題にはならない。

こういう話は、しかし、不人気です。「仮定としての自己」なんて怪しげなものしかないというのでは頼りなくて仕方がない。「でも、本当の自分（実体としての）はどこかにあるはずですよね？」という話になって、「さあ、やっぱりそんなものはないんじゃありませんか？あの精神分析なんかも、タマネギの皮むきと似ているので、サルにあれを投げ与えると、中に実が入っているはずだと思って、涙を流しながら必死に皮をむいていって、何もなかったのに気づいてキッキーと怒って皮を投げつけるそうですが、無意識も所詮はその『皮』の集まりで、そんなものをいくら分析しても埒は明かないのではありませんか」と答えると、大方のスピリチュアルな人は不満げな表情を見せるのです。それで、こんな頼りないネガティブな話しかできない奴は何の役にも立たないと見切って、ハイヤー・セルフ本などにまた戻ってしまう。

五蘊の思想

しかし、この「仮定としての自己」というアイディアはそう捨てたものではないかもしれない。ゴンブリッチ本にもよく似た説明が出てきます。

彼らの考えでは、ブッダは個人的存在を、物質的要素〔色〕、快苦などの感覚〔受〕、統覚〔想〕、意欲〔行〕、意識〔識〕という、五つの要素に分解した。したがって、「ジョンは部屋を出た」という言明が、仮に通常の意味において正しいとしても、それは便宜的にそうであるのに過ぎない。五蘊の特定の組み合わせが、ジョンという名前を冠することは、便宜的に合意されたことでしかないからだ。究極的には、部屋を出たのは五蘊の組み合わせにほかならないというのが、アビダンマの主張である。（同書 pp.304-305）

僕も、別に五蘊（ゴウンと読む）がどうのといった理屈はこねませんが、同じような理解をしているので、こういう文章を読むと心強く感じるのです。日本人はことに権威に弱い人が多いので、今度から説明をするときは「お釈迦様もそう言ったそうですよ」と付け加えて、「権威付け」することにします。

思い込みによる妨害

にしても、どうしてこういう話は受け入れられにくいのか？　僕らは観察したり、ものを考えたりするとき、そこに必ず何らかの主体――〈私〉――が存在するはずだと考えます。デカルト先生も言ったように、「思う」ということは、そこに「われが在る」証拠だというのです。しかし、これは後でつけた理屈にすぎません。デカルトはずば抜けて頭のいい人ですが、この点では彼はミスをしたのです。①の『あなたの知らない脳』(p.20) にも、有名な「電気と磁気を統一する基本方程式を考え出した」マックスウェルが死の床で、あれを発見したのは「自分の中の何か」であって自分ではないと言った、という話が出てきます。「アイデアがどうやって浮かんだのかわからない、ただ降りてきたのだと認めている」というわけです。似たような体験をしたブレイクやゲーテといった文学者の例も挙げられている。その後で著者のイーグルマンはこう述べます。

あなたの内面で起こることのほとんどがあなたの意識〔引用者註：これは通常の自己意識です〕の支配下にはない。そして実際のところ、そのほうが良いのだ。意識は手柄をほしいままにできるが、脳のなかで始動する意思決定に関しては、大部分を傍観しているのがベストだ。わかっていないない細かいことに意識が干渉すると、活動の効率が落ちる。ピアノの鍵盤のどこに指が跳ぼうとしているのか、じっくり考え始めると、曲をうまく弾けなくなってしまう。（同書 p.21）

こういう話は誰でも経験として知っているので、「たしかに……」と思うでしょう。むろん、意図的な学習や訓練というものは勉強でも、仕事でも、スポーツでも必要です。よく「からだに覚え込ませる」と言いますが、正確には脳に新たなシナプスかニューロンか知りませんが、新たな配線が確立するまで鍛え、練習するのです。そうすると脳は「自動運転」でうまくやってくれるようになる。マックスウェルやゲーテは、それにふさわしい脳の機構を整えていたから、インスピレーションがやってきたので、僕らが「何でオレのところにはいいものが降りてこないんだ！」と文句を言っても、それはあちこち乱雑に木の生えた、草も伸び放題の凸凹の無秩序な原野にジャンボジェット機が降りられないのと同じです。迎え入れる準備ができてから、文句は言わなければならない。

宮本武蔵の『五輪書』に、剣の極意の一つとして「観の目強く、見の目弱く」とありますが、今のイーグルマンの言う「意識」はこの場合の「見の目」です。「観の目」はこれに対して、自意識を排除した、「全体を観じる目」です。それはあれこれ忙しく思いはからう意識、〈私〉が居座っていると出現できない。一時的にせよ、それは消えてもらわなければならないのです。

涅槃と絶対

以上で、〈私〉、自意識というものが「なくもがなの妨害物」で、考えたり、観察したり、能力を高めて行動を円滑にする際には必要でないことがおわかりいただけたかと思うのですが、人が無意識に自分というものを探し、それにしがみつこうとするのは、それがないと不安に感じるからでしょう。でないと底なしの奈落に落ちてしまうような気がするのです。

何か絶対的なものが、拠《よ》り所がほしい。仏教の場合だと、それが「涅槃（ねはん、ニルヴァーナ）」です。これはものの本では「煩悩の火が消えた状態」とか、ゴンブリッチの本にも「悟りを得た人間の死をも意味する」といった説明が出てきますが、「をも」とあるとおり、これはそういった消極的な意味だけの言葉ではないということです。

我々の世界とは、我々が経験するところのものだ。それは、変化、生成、およびプロセスの世界である。それは我々の認知器官によって、構成、生成される（*saṃkhata*）。しかしながら、生成されることなく、本来的に存在するものがたった一つだけあり、それこそが涅槃である。それは単に「現れる」のではなく、あるのだ。（『ブッダが考えたこと』p.306）

「比丘たちよ、生まれず、成されず、作られず、複合されないものが存在する。仮にそれが存在しないとすれば、生まれ、成され、作られ、複合されたこと［もの？］から逃れる道が、知られることもないであろう」（同書 pp.313-314）

それは縁によって生起したり、変化したりする「条件づけられたもの」ではなくて、絶対的なものです。逆に言えば、その「条件づけられていないもの」を知ることなしには、「条件づけられたもの」を正しく知ることもできない。だから相対的なものにすぎないもの（個我観念もその一つ）を絶対視してしまう過誤が生じるとも言えるので、仏教的な万物流転、プロセス論的な世界・人間理解は、それ自体矛盾した「すべては相対的なものにすぎない」という皮相な相対主義とは違って、裏に涅槃という「絶対的実在」に対する堅固な確信を秘めているのです。

ウパニシャッド的に言えば、それは「ブラフマン」だということになるのでしょうが、それはいかなる意味でも個我観念の拡張や、その投影の産物ではない。それは何らかの「もの」や個体ではないので、僕らが通常認識できるのは、その作用、働きだけです。意識もそうなら、知性もそうなので、淵源にその絶対的なものがある。僕のようなひねたオヤジがこう言うのは口幅ったいのですが、愛や慈悲というものも、そこから出てくるのでしょう。僕らが「よい働き」ができるのは、無用な自意識に災いされず、いわば「賢明にそれに所有される」ときだけなのです。

絶対的なものの認識を可能にするもの

それではその、涅槃《ねはん》でも、ブラフマンでも、「神妙不可思議なる空《くう》」でも、名称は何でもいいとして、絶対的なものはどうすれば洞察、体験されるのでしょう？　そういう体験にもおのずと深浅というものがあるのでしょうが、一つだけ、僕の貧しい体験から言えることは、〝自分〟がそれを体得しようとか洞察しようとかしても、それは絶対に無理だということです。それはその種の悪戦苦闘の努力が破れたとき、初めて可能になる。〈私〉が〈真理〉に到達しようとか、それを所有しようとかするのですが、他のこととは違って、究極のところ、他でもないその思考習慣そのものが事の実現を妨げてしまうのです。

この点で僕が面白いと思っているのは禅の公案です。あれは通常の知的・観念的思考では解決がつかない奇妙な問いかけを行なって、いくら考えてもどうにもならないところまで人を追い込むためのものでしょう。そのとき人はその知的には解決不可能な問題に意識を張りつかせて、一種の強迫観念的状態、自家撞着《じかどうちゃく》に陥る。そして懊悩《おうのう》の日々が続いた後、ふとしたきっかけ、それは花の香りが鼻に触れたとか、池にドングリの実がぽちゃんと落ちる音が聞こえたとか、そういう何でもない日常的なことが多いようですが、そういう偶然のきっかけで、意識がそれを離れたとき突然の覚醒が起こるのです。そのとき出現する意識は、いわば「主《あるじ》のない意識」です。そのとき瞭然として事が明らかになる。そんな感じでしょう。それは科学者が問題を考えに考えた末、行き詰まり、もはや打つ手が見つからなくなったとき、ふとしたきっかけや夢うつつ、あるいは実際の夢の中でインスピレーションを得るのに似ています。それはつねに、通常の意識の外からやってくる、別言すれば、意識が〈悩める私〉を忘れ、それを離れたところで起こるのです。

　こうした体験は、その後それをどう解釈するかという問題が残っていて、僕にはそれで苦い経験があるのですが、ここでそんな面白くもない話をする気はありません。あのデカルト先生にしても、彼は有名な「炉部屋の一夜」である種の神秘体験、洞察体験をしたのです。それが彼の知性（普遍的なそれ）に対する全幅の信頼を生み出した。その霊妙完全なすがたが直覚された、いわばありありと〝見えた〟のです。そしてそれに支えられて彼は「あらゆるものを疑う」作業に乗り出したのですが、そこから先、「考える私」だの、循環論法だと批判される「神の証明」だの、いくらか彼自身が否定したスコラ的思弁に耽《ふけ》りすぎる結果になったのです。違う文化伝統の中に生まれていれば、体験（このゴンブリッチの本にも、ウィリアム・ジェームズの神秘体験についての記述が引用されていますが、本物のそれの場合、その洞察体験それ自体についての確信は揺るぎないものとして残る）の解釈も自ずと異なり、彼の思索はずいぶんと違った展開を見ることになったのではないかと、僕は思います。

カルマについての誤解

長くなりすぎたのでこれくらいにしたいと思いますが、最後に、輪廻の原因となるカルマについてのゴンブリッチの議論に触れて終わりにしたいと思います。怪しげな宗教では、この言葉を借用して、しばしば人の不幸や不運をダシに信者を脅します。「カルマの法則」は乱用されすぎているのであり、インドのようにそれを社会的に適用して、カースト制度なんてよけいなものをつくり、それを正当化するのに用いられることすらあります（仏教がインドで生まれたにもかかわらず、その後本国では衰退することになったのも、仏教思想がカースト的なものに対する根本的批判を含むものであったことが関係するでしょう）。

実際のところ、人々はカルマの理論を後ろ向きに遡って当てはめようとする。ある人が病気に罹り、いかなる治療も無効とわかった時、これは悪いカルマのせいに違いないと言い始めるのだ。ブッダ自身は、カルマの結果を、考えるべきではない四つの対象の一つであるとした。それについて考えることは、人の頭を狂わせるからである。おそらくこの警告は、まだ覚りを得ていない人々に向けられている。なぜなら、覚りにおいて生じる三種の知恵の第二は、衆生《しゅじょう》が行為の道徳的性質に応じて、いかに再生するかを見通す能力（*yathā-kammūpaga*, 天眼通《てんげんつう》）だからである。したがって、ブッダはカルマの働きをありありと見たのだが、それは我々には不可能なことだ。そして彼が見たことが、再生のプロセス全体を止滅するよりも火急のことはあり得ない、という確信をもたらしたのである。（同書 p.58）

「それ（＝カルマ）について考えることは、人の頭を狂わせる」というのは、言い得て妙だと思います。ブッダはそれを容赦のない物理学法則のようなものと見ていたようですが、その精妙なメカニズムを僕ら凡人は知り得ず、当て推量でああだこうだと言っているだけなのです。中には自分はその「天眼通」を得ているのだと詐称する教祖や霊能者もいるかもしれません。それで大方は思いつきの出鱈目を並べて、お布施を巻き上げるのに利用するので、そういうのに振り回されるようになると、混乱はさらに募り、不幸は倍加することになってしまうのです。

カルマの話ではありませんが、つまらない例を一つ挙げると、この前僕は自転車での通勤途中、ある「発見」をしました。仕事場まで信号が六つほどあるのですが、時によってやたら信号に引っかかるときと、奇蹟のように一つも引っかからず、スムーズにいくときとがあるのです。一体これはどういうわけだろう？　運がいいときと悪いときがあるのか？　僕はそういうことをあまり気にする方ではありませんが、あるとき、単純な理由に気づいたのです。最初の信号が青に変わった瞬間に出ると、僕が自転車をふつうにこぐときのスピードで行けば、うまい具合にその後が全部青で渡れるのです。それが考え事をしていたりして少しずれるとうまく行かなくなる。信号は機械的に切り替わるので、タイミング的にそれに合うかどうかだけの話だったのです。運気の上昇下降とは何ら関係がない。

カルマについても、合理的に考えれば別の説明がつくことの方が多いので、何でもカルマのせいにしてしまうのは病気です。そういう人にかぎって、現実的な手立ては何も打たずに事態を悪化させるだけの対応をしてしまうことが多いので、「悪しき宿命論」に陥るのです。早い話が景気がひどく悪化して、大量の失業者が出るようになると、あなたも失職する可能性が高くなる。それは別にあなたのカルマのせいではないので、原因は政府の経済政策の失敗にあるのです。「カルマ落とし」の儀式など執り行うより、政権を取り替えた方が早い。実際に失業したら、ハローワークに行けばよいだけです。

カルマで気にすべきこと

だから、カルマをそういう次元でとやかく言うことには意味がない。僕の理解では、カルマが重要なのはその深い道徳的側面と、その因果の射程をあの世と後世にまで延長するところにあります。先の引用文にもあったように、「カルマの理論を後ろ向きに遡って当てはめようとする」ことには意味がないのです（それは所詮いい加減な当て推量の産物でしかないのだから）。

たとえば僕がハートのない不正直な人間で、しかし嘘と偽装能力には長けているので、陰で散々人を苦しめているが、うまく世間は欺《あざむ》き、かなりの成功を収めたとします。輪廻がなく、肉体の死と共に精神もきれいさっぱり消滅するのなら、僕はハッピーです。しかし、「厳粛なカルマの法則」があるとすれば、いずれタダではすまなくなるので、恐ろしい報いが先に待ち受けているのです。それを恐れて、ということならたんなる打算になりますが、ともかくそう考えるなら、最初の動機はどうあれ、僕は少しはマシな人間になろうと努力するようになるでしょう。決して欺けない「何か」を、僕は気にかけるようになるのです。その「何か」は外部ではなく、僕らの心の奥深くにある。ブッダはつまり、良心に従って生きよと教えたのです。

古代のバラモン教においては、「よいカルマ（行ない）」とは、祭祀を決められた手順に従って「正しく」行なうことでした。それは個人の生き方とは無関係な、外部的行為にすぎません（昔のキリスト教カトリックの「善」も、教会権力におとなしく従い、寄進をし、時に「十字軍」という名の殺戮《さつりく》行動に参加することでした）。ブッダはその意味を内面的な道徳に置き換えたのだというのが、ゴンブリッチ先生の説明です。今の時代も、世間道徳の多くはこのバラモンの祭祀行為に近いものになっています。人々は形式的なことにこだわり、心に愛のかけらもない人間でも、外面だけ取り繕っていれば紳士淑女として通り、裏で心ない仕打ちを重ねていても、自分は道徳的だと思い込めるのです。そうして鵜の目鷹の目で人の粗探しをして、しばしば世間的掟に従わない人を非難するのですが、そうした浅ましいありようが「道徳的」でないのは明らかで、「カルマの法則」がそうした皮相な世間道徳、形式倫理に即して働くものではないのは自明の理と思われます。良心とはそうしたガラクタのことではない。カルマを恐れるなら、僕らは諸々の条件づけから自由になって、その良心が何であるかをまず知らなければならない。老子は「大道廃れて仁義あり」と言いましたが、その「大道」を発見して、それに従う努力をする必要があるのです。

脳の病変と人格変化の理解

なかなか終わりにできませんが、最後の最後に、冒頭の①のイーグルマンの、人格や魂というものが独立した存在かどうか疑わしいという議論にあらためて触れておきましょう。脳に生じる異変が人格の変化につながることがあるのは、特殊な例を持ち出さずとも、長寿の時代、認知症の老人が増え、脳の萎縮が人格的な変貌までひき起こすのを身近に見るようになった今の僕らにはよくわかります。聡明で他者への思いやりや配慮に富んでいた人が、にわかに粗暴になったり、お金が盗まれるのではと被害妄想的になったりするのです。ときには別人格のように見えたりする。

この場合、元のその人はどこに行ったのでしょう？　それはたんなる偽装だったので、こちらが真の姿なのか？　それとも人格というようなものがそもそも存在せず、脳がそのような見かけをつくり出していただけなのか？


これは難しい問題で、どういう答え方をしてもそれは仮説にとどまるでしょうが、僕らの心や精神と呼ばれるものの細かな働きがこの世界では脳の機能に依存しているのはたしかであるように思われます（古来の神秘主義では、心の座は脳ではなく、心臓やみぞおちにあるなどとも言われますが）。そして僕らの脳は、進化のプロセスで古いものに新しい部分が追加されるというかたちで大きくなった。昔、何かの本で、人間の脳の下にはワニの脳があるのだという話を読んだことがありますが、爬虫類が僕らの中には同居しているわけです。ネズミやサルもその中にはいる。人間的なものは大脳新皮質、とくに前頭葉に宿る。その部分が委縮すると、だんだん人間的なふくらみは失われてゆくわけです。

前頭葉が社会生活上重要なのは、イーグルマンのこの本でも、「衝動抑制の弱さは、刑務所制度における犯罪者の大半がもつ顕著な特徴である」（『あなたの知らない脳』p.270）として、再犯防止のための「前部前頭葉トレーニング」なるものが提唱されていることからもわかります。老化に伴う脳の萎縮によって抑制が効かなくなり、「暴走老人」化する人がいるのも、同じ理由によるのでしょう。それによって別に「隠れた本性が露わになった」わけではない。人間としてまともに機能できなくなっただけなのです。

仮に輪廻する魂があったとしましょう。僕は先に「何が輪廻するのか？」ということに関して自分なりの考えを書きましたが、その心的構造物を「魂」と呼んでも別に差し支えはないと思います。「カルマの法則」によれば、僕らのそれはそれぞれに見合った肉体と脳に宿るわけです。あなたの肉体と脳は、どういうふうにしてかは知りませんが、あなたの魂に見合ったものだから選択されたのです。但し、これは重要なことと思われますが、それは決定論的なものではない。脳は誕生後も成長し、また、高度な可塑性《かそ》をもちます。なかばあなたの脳はあなたの魂が育てたものです。あなたが何に関心をもつか、またどれほどの意欲や愛情をもつかに、その成長・発達は大きく左右されるからです。子供の場合、これはそれ自体が大きく環境に左右されますが、カルマの影響が全体的なものだとすれば、環境的なものもそこにはカウントされているのでしょう（偉大な人物が世間的に言えば不幸な家庭環境の中に生まれることがあるのは、その潜在力を存分に発揮するためだったとも解せる）。

それで、事故や老化による脳の損傷や委縮などのため人格変容が起きた場合、魂はどうなっているのでしょう？　それは物理的・肉体的な足場を失って、この世界での表現手段を失っただけで、その本体はまだそこに存在していると考えることもできます。それは不自由なまま、肉体から解放される日を待っているのです。むろん、だから安楽死が望ましいなどと言っているのではありません。自分の親が認知症が進んで正体不明になってしまった場合、子供はそれを悲しむでしょう。けれどもその背後にはまだ損なわれないあの愛しい親がいるのだと考えれば、いくらか慰めにはなるのではありませんか？　そして肉体から旅立つ時、魂は再び若返り、想念体で気に入った年齢の姿をとり、あなたを見て微笑み、別れを告げるのです。僕はそんなふうに想像しています。

えらく長くなってしまいましたが、これで一通りのことは書けたとして、パソコンのキーを叩く手を休めることにします。最後まで面倒な議論に付き合ってくださった方々には、お礼を申し上げます。

（二〇一九年一月一三日）

あとがき

父大野龍一の思い出

本書は二〇二一年一〇月に他界した翻訳家大野龍一の遺著です。このあとがきを書いているのは著者の一人息子、本書冒頭の写真は二十五年前の私たちです。自分の父親の最初で最後の著書のあとがきをどう書いたものか、いろいろと悩みましたが、私にできることと言えば、息子の目から見た父の姿を語る以外になく、またそうすることが、本書の内容と出版の経緯についても一個の説明を与えるものとなるように思われたので、勝手ながら父にまつわる個人的な思い出話を語ることであとがきに代えさせていただこうと思います。

本書執筆の計画を父からはじめて聞かされたのは二〇二一年七月頃のことでした。二十年来、海外の諸著作の翻訳を通して自らの思想をいわば間接的に表明してきた父にとって、自分自身の思索を一冊の本にすることは大きな挑戦であり、その構想を語る口ぶりにはいつになく興奮したところがありました。八月下旬には完成に近い原稿を見せてもらったので、着手から完成までに要した期間はわずか二か月足らずだったわけですが、それとほぼ同時に病気が発覚したのは偶然というにはあまりにできすぎたタイミングでした。末期のすい臓がんの宣告を受けて日に日に衰弱し、九月中旬には入院を余儀なくされたからです。あたかもどこかで死期を悟っていて、直前で最後の大仕事に乗り出したかのようでした。

入院してからは、目まぐるしく変化しつつ確実に悪化していく病態と薬の副作用からくる意識の混濁《こんだく》に翻弄されつつも、父は最後まで原稿に手を加え続けました。病室にパソコンを持ち込んでは原稿の修正を手伝うのが私の日課になりました。プラトンや小林秀雄など、そこに登場する思想家の話となると、校正作業そっちのけで議論に熱中することもしばしばで、そういう時は、以前の父が戻ってきたようで心強く感じたものです。私たち親子は、特に私が大学で研究の道に進んでからは、そのような議論を大きな楽しみとしていました。父の翻訳の原稿を読ませてもらうこともあれば、私の書きかけの論文を父に批評してもらうこともありましたが、そういう時は親子であると同時に同じ道を行く仲間のような気がしていたのです。

病床で推敲を重ねて、父はナチュラルスピリット社の今井博樹社長に出版依頼のメールを送りました。これまで訳書の出版でお世話になっていたとはいえ、無名人の著書など引き受けてもらえないのではと覚悟していましたが、即座に出版を快諾していただいたことは私たちにとって望外の喜びでした。そのおよそ一か月後の一〇月二五日に父は亡くなりましたが、人生に対する後悔は一つもないと最期まで満足げだったのは、これで自分のやるべきことはやりきったという安堵感と充実感があったからだと思います。

それほどに、本書は父が生前折に触れて語っていたことのエッセンスを詰め込んだもので、まさに人生の集大成と言ってよい内容になっています。私にとっては、ここで語られていることの一つ一つが、その話を父から聞いた時の状況とともにありありと思い出せるほどになじみ深いものです。特に強い実感をもって迫ってくるのは、あちこちに登場する自然と人間との深い関わりについての記述です。私は父から思想や学問についても多くを学びましたが、それ以上に自然の中で遊ぶ楽しさを教わりました。特に私たちが熱中したのは川遊びでした。山の谷間を走る清流を、その流れが岩に当たって炭酸のような白い泡をふき上げる中を、蝉の声に包まれて一心不乱に魚を追いかける。そういう時、たとえ言葉を交わさなくても、絶対的な安心感がひたひたと湧き上がってきます。あの何ものにも代えがたい幸福を私は父から教わりました。父は山も好きで、山菜や木の実の取り方にクワガタやカブトムシの捕まえ方、毒ヘビの見分け方まで、様々なことを教えてくれました。本書第五章に父の祖母がイノシシについて親しげな口ぶりで語っていたという話が出てきますが、それと全く同じで、サルやシカ、イノシシなどを見つけると、父も子どものように喜んでその姿をいつまでも飽かず眺めていました。それだけに自然の破壊に対してはやりきれない思いがあったようです。和歌山の山奥で生まれ育った父にとって、自然とのつながりを断ち切られることは生命力の源泉を奪われるも同じでした。本書の表題は通常の自己観念を否定するものですが、それは単なる否定に終始するものではありません。その背後には、幼少期からの自然との結びつきの中で父が感得した、個を超えた絶対的なものへの信頼があったように思われます。

その絶対的なものが本書の主題ですが、これについても、一つ忘れ難い思い出があります。父がちょうどこの本の原稿を書いていた時期、私は原因不明のスランプに陥っていました。研究者としてやるべきこと、やらなくてはならないことは山のようにあり、それはわかっているはずなのに身体が動かない。何もできない罪悪感で自分を責めてさらに身動きが取れなくなるという悪循環から抜け出せなくなっていたのです。それを打ち明けたところ、父は私に「自分の中の犬を大切にするように」と言いました。「犬」というのはもちろん比喩で、各人のうちに秘められた生命力の源泉を父はそう呼んで、その力を信頼してあまり自分を責めないようにと言ったのです。直後にこの本の原稿を読んだ私は、「犬」とは狭隘《きょうあい》な自己観念によって抑圧されている本来の生き生きとした力であり、「不可分の意識」、「不生の仏心」、「純粋経験」など、本書で様々に表現されている絶対的なものとのつながりを保ちつつ私という個体に宿っているエネルギーのことではないかと思うようになりました。後にこの話をしたところ、父自身は「犬」にそこまで深い意味を持たせたつもりはなかったようですが、私がそう考えたことをとても喜んでいました。父が本書を通して伝えようとしたことの一つは、まさにこの点にあるように思われます。「私」という意識に囚われ、それを絶対視している限り、苦しみはやまない。第四章にあるとおり、父自身、身をもってその苦しみを味わった経験がありました。だからこそ、人がそこから自由になり肩の力を抜いてもっと柔軟に思考できるようになる手助けがしたい。「あなたのワタシはウソである」という一見挑発的な表題にはそうした切なる願いが込められています。

このように本書の主題は明確ですが、扱われているトピックは、宗教、哲学、心理学からオカルト、政治・社会問題まで多岐にわたります。こうした多面性は翻訳家としての父の活動に親しんでこられた読者にはおなじみのものかと思います。エイリアン・アブダクション、生まれ変わり、神秘体験など、手がけた訳書は様々なテーマに及んでいましたが、毎度、訳書に付したあとがきの中で、こうした現象の思想的な意義を説き、それを通して現実の政治・社会問題を論じるのが父のいつものやり方だったからです。その意味で本書は、翻訳家としての父の活動の総決算、あるいはこれまで世に送り出してきたすべての訳書に対する長大なあとがきと言えるかもしれません。

父の訳者としてのデビュー作となった、精神科医アーサー・ガーダムの自伝『二つの世界を生きて』に、次のような一節があります。

もし人が正気になり、あるいは正気にとどまりたいと願うなら、正気とは見えないものが惹き起こすことにも心を開いていなければならないのである。(同書 p.56)

これは訳文中の一節であり、したがってもとはガーダムの言葉ですが、これ以上に父の思想を的確に表した表現は他に思いつきません。生まれ変わりにしてもエイリアンにしても神秘体験にしても、そのようなものは一般には「正気とは見えないもの」とされています。しかし実はそうしたものに目を向けることこそが、人間が正気を取り戻すための、言いかえれば「あなたのワタシはウソである」と気づくためのヒントになるのではないか、これが父の終生変わらぬ主張でした。

読者の中にはまた、長年の友人や、父が細々と営んでいた個人塾のかつての生徒など、生前の父と親交のあった方もおられるかと思います。本書に書かれている内容の多くは、父の日頃からの関心事であったので、そのような読者は本書の中に、かつて父と交わした対話の延長戦が繰り広げられているのを見出すかもしれません。前提から出発して一歩ずつ結論へと導いていくような体系性は本書にはありませんが、その代わり、冒頭から末尾まで、書き手の世界観がその独特の語り口とともに存分に展開されているという点で、本書は父の思い出を共有している人たちにはある種の懐かしさをもって受け入れていただけるのではないかと期待しております。

最後に、本書の出版を快くお引き受けいただいたナチュラルスピリット社の今井博樹社長に改めてお礼申し上げます。また、編集の笠井理恵さんには、校正作業のみならず、巻末の文献リストの作成もお引き受けいただくなど、出版に至るまでの全期間にわたって大変お世話になりました。あとがきの内容についても何度も相談に乗っていただき、締め切りに遅れがちな私を優しく励ましていただきました。この場を借りてお礼申し上げます。また、父の友人やかつての塾生の方々からは、父の入院中もそれ以後も、たくさんのあたたかいお言葉を頂戴しました。本書の刊行が、ささやかながらその恩返しになれば幸甚です。父が病室での最後の日々を執筆に集中できるよう、精神的・経済的に惜しみなく援助してくれた家族の皆にも父に代わって改めて感謝の言葉を伝えたいと思います。父が生きていたらきっとそうしただろうと思うので、父の最大の理解者にしてパートナーである母大野秀子に本書を捧げます。

二〇二二年九月三〇日

著者に代わって　大野　普希

参考文献一覧

《第一部》

第一章

1 『臨済録』（入矢義高 訳注　岩波書店　1989年）

2 『リターン・トゥ・ライフ─前世を記憶する子供たちの驚くべき事例』（ジム・B・タッカー 著　大野龍一 訳　ナチュラルスピリット　2018年）

3 『五輪書』（宮本武蔵 著　渡辺一郎 校注　岩波書店　1985年）

第四章

4 『雪国』（川端康成 著　新潮社：改版　2006年）

5
「西田幾多郎の純粋経験」（林　信弘　著）（※左記に収録）
『立命館人間科学研究』（No. 5〔通巻21号〕　2003年　pp.65-73）
https://www.ritsumeihuman.com/publication/publication901/publication926/

6
『善の研究』（西田幾多郎　著　岩波書店：改版　1979年）

7
『盤珪禅師語録／附　行業記』（鈴木大拙　編校　岩波書店　1987年）

第六章

8
「菊池寛」（※左記に収録）
『無常といふ事・モオツァルト』（小林秀雄全集第八巻）
（小林秀雄　著　新潮社　1967年）

9
『ディスクロージャー——軍と政府の証人たちにより暴露された現代史における最大の秘密』
（スティーブン・M・グリア　編著　廣瀬保雄　訳　ナチュラルスピリット　2017年）

10　「信ずることと知ること」（※左記に収録）
『小林秀雄全作品26　信ずることと知ること』（小林秀雄 著　新潮社　2004年）

11　『エイリアン・アブダクションの深層―意識の変容と霊性の進化に向けて』
（ジョン・E・マック 著　大野龍一 訳　ナチュラルスピリット　2021年）

12　『偉大なる異端―カタリ派と明かされた真実』
（アーサー・ガーダム 著　大野龍一 訳　ナチュラルスピリット　2016年）

13　『二つの世界を生きて―一精神科医の心霊的自叙伝』
（アーサー・ガーダム 著　大野龍一 訳　コスモス・ライブラリー　2001年）

第七章

14　『ノストラダムスの大予言―迫りくる1999年7の月、人類滅亡の日』
（五島勉 著　祥伝社　1973年）

《第二部》

二

15 『パイドン―魂の不死について』（プラトン 著　岩田靖夫 訳　岩波書店　1998年）

16 『方法序説・情念論』
（デカルト 著　野田又夫 訳　中央公論新社：改版　2019年）

17 『省察』（デカルト 著　三木清 訳　岩波書店　1949年）

18 『強迫観念*』*Obsession*, 1972　Beekman Books Inc.／Arthur Guirdham
（邦訳『妄想とノイローゼ』アーサー・ガーダム 著　中岡 洋 訳　佑学社　1975年）
＊本文内での題名は、邦訳と異なる。

19 『国家』（上・下）（プラトン 著　藤沢令夫 訳　岩波書店　1979年）

三

20 『エネアデス（抄）』（Ⅰ・Ⅱ）
（プロティノス 著　田中美知太郎・水地宗明・田之頭安彦 訳　中央公論新社　2007年）

21 『ティマイオス／クリティアス』（プラトン全集12）
（プラトン 著　種山恭子・田之頭安彦 訳　岩波書店　1975年）

四

22 『あなたの知らない脳―意識は傍観者である』
（デイヴィッド・イーグルマン 著　大田直子 訳　早川書房　2016年）

23 『ブッダが考えたこと―プロセスとしての自己と世界』
（リチャード・ゴンブリッチ 著　浅野孝雄 訳　サンガ　2018年）

著者略歴

大野龍一（おおの りゅういち）

1955年、和歌山県奥熊野に生まれる。早稲田大学法学部卒。英国の精神科医ガーダムの特異な自伝『二つの世界を生きて』がきっかけで翻訳の仕事を始め、その後、クリシュナムルティ、ドン・ミゲル・ルイス、バーナデット・ロバーツなどの翻訳を手がける。小社刊行物としては他に、キリスト教異端カタリ派の歴史と神秘思想を扱った『偉大なる異端―カタリ派と明かされた真実』（アーサー・ガーダム著）、『リターン・トゥ・ライフ―前世を記憶する子供たちの驚くべき事例』（ジム・B・タッカー著）、『エイリアン・アブダクションの深層―意識の変容と霊性の進化に向けて』（ジョン・E・マック著）がある。2021年没。

個人ブログ「祝子川通信」　http://koledewa.blog57.fc2.com/

あなたのワタシはウソである

●

2023年5月24日　初版発行

著者／大野龍一

装幀／福田和雄（FUKUDA DESIGN）

発行者／今井博揮

発行所／株式会社ナチュラルスピリット

〒101-0051　東京都千代田区神田神保町3-2　高橋ビル2階

TEL 03-6450-5938　FAX 03-6450-5978

E-mail:info@naturalspirit.co.jp

ホームページ https://www.naturalspirit.co.jp/

印刷所／中央精版印刷株式会社

ISBN978-4-86451-438-5　C0011

落丁・乱丁の場合はお取り替えいたします。

定価はカバーに表示してあります。